JN290606

現代経営学

〔四訂版〕

菊池 敏夫 著

税務経理協会

は　し　が　き

　現代経営学の研究領域は，ますます多岐にわかれ，専門化しつつある。経営学を学ぶものにとって，この広く，かつ多様な領域をすべてフォローしつくすことはほとんど不可能に近い。本書は，1966年に出版して，いくたびか版を重ねた『現代の経営学』を骨子として，これに，その後，著者が大学における経営学の講座のために準備したノートを加えて新たに執筆したものであるが，そのなかには経営学関係の雑誌に発表した論文に加筆し，補正したものもふくまれている。

　旧著を出版してから，ちょうど10年の星霜が流れた。かえりみると10年前，東京都江東区で行ったフィールド・サーベイを基礎にして，旧著の第5章に「企業と地域関係——公害問題と企業の立場——」をとりあげた当時，このような主題を経営学の領域にとりこむことは，少数派の危険な試みにすぎなかったようである。しかし，この間に抱きつづけてきた著者の感想の1つは，経営学はもともとそれぞれの時代の企業の実践的課題のなかから生い育ったものであって，それが学問としての論理的整序を求められることはもちろんであるとしても，いたずらにその精緻化のみを追い求めて，この学問のもつ実践的性格を稀薄化させる傾向があるとしたら，それは戒しむべきことであるということであった。ある理論の創生期には，きびしい現実の体験者たちが問題解決を志向して理論を形成していくのに対し，その後継者および追随者たちは，現実から離れたところで，しばしば理論の精緻化のみを追求するという傾向のあることは否定できないようである。このようなことを考えつつ，本書もまた，現実からの遊離を戒めながら大学において講義を進める過程で，問題の素材を提供できるように試みたつもりである。

　しかし，そのために，また著者の能力と時間上の制約も手伝って各章をつらぬく統一的な説明原理が十分に確立されているとはいいがたく，むしろ初学者に対して解説し，問題を提起したままに終わっているところも少なくない。今

後の研究を通じて体系化を試みたい。

　企業の行動に対する社会の要求や期待は，経営管理のいかなる領域に革新の機会が内在しているかを暗示するものであり，このような問題意識から，本書では第5章および第6章第5節に，新しい時代の経営学がとりくまねばならないいくつかの重要な問題を素材としてとりあげている。

　本書をまとめるにあたって「ひとはよく自分ひとりで目的を遂げたかのように思いたがるけれども，そういう考え方は若いときのうぬぼれか傲慢にすぎないことが多い，と私はここで言っておきたい」(『ホレーショへの別辞』安藤一郎，34ページ）という言葉を想起する。ここに幾多の先蹤からうけた影響と刺激に感謝し，また研究会で示唆をいただく環境と経営の会のメンバー諸兄，さらにたえず著者を激励してくださった税務経理協会出版部の佐伯斎氏に謝意を表する次第である。

　　1975年1月

著　　者

改訂版への序

　本書は1975年に初版を公刊した『現代経営学』の一部について加筆・補正した改訂版である。経営学の対象となるべき事実および理論に関連して十分に吟味し，研究消化したうえで体系的に叙述すべき問題はなお数多く存在している。しかし今回の改訂においては，主として第2章第2,3,4節，および第5章第3節の各節に部分的な加筆を行うとともに資料の若干を更新するなど補正を行うにとどめざるをえなかった。より全面的な改訂は他日を期したい。

　今回の主な改訂部分の第1は，株式会社における所有関係に関する箇所で，この点に関連した新しい事実と理論をおり込むことを意図したものである。第2は，企業の社会的責任の達成条件に関連して，企業行動に対する法規制が企業経営に及ぼす影響についての研究および論議が最近米国において活発化しており，この点をめぐって問題提起を試みておいた。

　本書の旧版は，もともと『現代の経営学』（1966年刊）を基礎にして執筆したものであるが，この書物の初版から通算すると15年の歳月が経過している。この間に，旧著に対して貴重なご意見を寄せられた各位に対してここに心からお礼を申し述べる次第である。なお，本書に対してもご意見を頂ければ幸甚である。本書の改訂作業にあたり著者を激励し，またお手数をおかけした税務経理協会編集部峯村英治氏に厚くお礼を申し述べたい。

　　1981年5月

　　　　　　　　　　　　　　　　　　　　　　　　　　著　　者

四訂版への序

　『現代経営学』四訂版が発行のはこびとなった。経営学の研究領域には新たな問題提起によって新しい体系化を要請する要素が存在するとともに，伝統的ともいうべき長期にわたって大きく変化しない制度，考え方や説明原理が存在している。この二つの要素をどのように調整し，取捨選択をはかっていくかは極めて難しい問題である。企業および経営管理に関する分析および証明原理は，現実のさまざまな変化を吸収し消化し，再検討をこころみながら発展していくものと考えられる。そうしたことを考慮しつつも，今回の改訂にあたっては，加筆，補正を最小限にとどめることにした。全面的な改訂は次の機会にゆずることにしたい。しかし新しい会社法の制定により日本の伝統的な会社制度はかなり大きく変化している。新しい企業形態の形成，株式会社制度の改変を不十分ながらとり入れたつもりである。

　本書によって現代の企業のしくみや，企業が解決をせまられている問題が何であるかに興味を抱き，さらに経営学に関心を抱く機会が提供されるとしたら，著者にとってこれ以上のよろこびはない。なお税務経理協会書籍企画部長峯村英治氏には大変お世話になった。記して厚くお礼を申し述べる次第である。

　　2006年5月

　　　　　　　　　　　　　　　　　　　　　　　　　　　　著　　者

目　　次

はしがき……………………………………………………………… *1*
改訂版への序………………………………………………………… *3*
四訂版への序………………………………………………………… *4*

第1章　企業の制度的構造 …………………………………… *1*

第1節　企 業 形 態 …………………………………………… *1*
1　企業形態と経済体制 ……………………………………… *1*
2　私企業の諸形態 …………………………………………… *2*
3　企業の法形態 ……………………………………………… *3*

第2節　個 人 企 業 …………………………………………… *6*
1　個 人 企 業 ………………………………………………… *6*
2　個人企業の特質 …………………………………………… *6*

第3節　会 社 形 態 …………………………………………… *9*
1　持 分 会 社 ………………………………………………… *9*
　⑴　合名会社 ………………………………………………… *9*
　⑵　合資会社 ………………………………………………… *10*
　⑶　合同会社 ………………………………………………… *11*
2　株 式 会 社 ………………………………………………… *11*

第2章　株式会社の構造 ……………………………………… *15*

第1節　資本の証券化 ………………………………………… *15*
第2節　出資と経営の分離 …………………………………… *18*
1　分離論をめぐる諸問題 …………………………………… *20*
2　自己金融と経営者支配 …………………………………… *21*
3　企業と金融機関 …………………………………………… *22*

目　次

　第3節　企業の所有構造と経営権 …………………………………… 24
　　1　持株比率の問題 ………………………………………………… 24
　　2　安定株主政策の効果と限界 …………………………………… 26
　　　(1)　株式の譲渡制限 …………………………………………… 26
　　　(2)　関係法人の株式所有 ……………………………………… 27
　　　(3)　従業員持株制度 …………………………………………… 27
　第4節　株式会社の機関 ……………………………………………… 30
　　1　株　主　総　会 ………………………………………………… 30
　　2　取締役および取締役会 ………………………………………… 30
　　　　　　　経営者層の構成変化 ………………………………… 34
　　3　監　査　役 ……………………………………………………… 35

第3章　公企業の形態 …………………………………………………… 39

　第1節　公企業の諸形態 ……………………………………………… 39
　　1　経営形態と出資構成 …………………………………………… 39
　　2　公企業における最高経営者 …………………………………… 40
　　3　公企業における経営目的 ……………………………………… 42
　第2節　公企業の経営問題 …………………………………………… 44
　　1　公企業と収益性 ………………………………………………… 44
　　2　公企業の民営化・民有化 ……………………………………… 45

第4章　企　業　集　中 ………………………………………………… 49

　第1節　企業集中の意義 ……………………………………………… 49
　第2節　企業集中の形態 ……………………………………………… 51
　　1　カ　ル　テ　ル ………………………………………………… 51
　　　(1)　カルテルの性質 …………………………………………… 51
　　　(2)　カルテルの形態 …………………………………………… 52
　　　(3)　日本のカルテルの特徴 …………………………………… 53

2　企　業　合　同……………………………………………………55
　　　　(1) 企業合同の型 ……………………………………………… 55
　　　　(2) 企業合併の効果と限界 …………………………………… 56
　　　　(3) 合併と経営管理の問題 …………………………………… 61
　　　3　企　業　集　団……………………………………………………63
　　　　(1) コンツェルン形態 ………………………………………… 63
　　　　(2) 日本の企業グループ ……………………………………… 64
　　　　(3) 中小企業の共同化形態 …………………………………… 64
　　　　(4) 中小企業の融合化 ………………………………………… 65
　　第3節　企業集中の規制 ………………………………………… 67
　　　1　企業集中の規制措置 ……………………………………… 67
　　　2　各国の政策 ………………………………………………… 67
　　　　　アメリカの独占禁止立法 ………………………………… 67
　　　　　ドイツの競争制限禁止法 ………………………………… 68
　　　　　イギリスの制限取引慣行法 ……………………………… 68
　　　　　日本の独占禁止法 ………………………………………… 69

第5章　企業と環境 ……………………………………… 71

　　第1節　企業と環境適応 ………………………………………… 71
　　　1　企業環境の諸領域 ………………………………………… 72
　　　2　内部環境と外部環境 ……………………………………… 73
　　　3　内外環境の主体 …………………………………………… 73
　　　4　企業目的と環境への適応 ………………………………… 75
　　第2節　企業と利害関係者集団 ………………………………… 77
　　　1　意思決定領域の拡大 ……………………………………… 78
　　　2　企業の組織と利害関係者集団 …………………………… 79
　　　3　環境情報の収集・管理と公開性 ………………………… 80

目　次

第3節　企業の行動と責任 …………………………………… 83
1. 企業の社会的責任 …………………………………… 83
2. 企業の自己規制力 …………………………………… 84
3. 企業行動に対する法規制の影響 …………………… 86

第4節　企業の環境適応の課題 ……………………………… 90
1. 制約条件の意味 ……………………………………… 90
2. 社会的価値規準の導入 ……………………………… 91
3. 企業と地域社会の関係 ……………………………… 92
4. 企業活動と環境への影響 …………………………… 95
5. 海外事業活動との共通性 …………………………… 96

第6章　経営管理と組織 …………………………………… 99

第1節　管　理　職　能 ……………………………………… 99
1. 管理職能の形成 ……………………………………… 99
   (1) 管理職能の成立過程 ……………………………… 99
   (2) 管理職能への接近 ………………………………… 101
2. 管理職能の体系化 …………………………………… 103

第2節　管理職能の分析と再編成 …………………………… 106
1. 計　画　設　定 ……………………………………… 106
   (1) 計画の意味 ………………………………………… 106
   (2) 計画の種類と階層 ………………………………… 107
2. 組　織　編　成 ……………………………………… 109
   (1) 組織編成の課題 …………………………………… 109
   (2) 部門と階層 ………………………………………… 109
3. 権限と責任 …………………………………………… 112
   (1) 権限の源泉 ………………………………………… 112
   (2) 権限の委譲と責任 ………………………………… 113
4. 統制とその問題 ……………………………………… 114

5	管理職能の再構成	116

第3節　経営管理組織の構成 …………………………………… 121
1　経営管理組織の形態 ………………………………………… 121
　(1)　ライン式組織 …………………………………………… 121
　(2)　ライン・スタッフ式組織 ……………………………… 122
　(3)　職　能　組　織 ………………………………………… 123
　(4)　委員会制度 ……………………………………………… 124
2　集権化への反省 …………………………………………… 125
3　分権的管理組織 …………………………………………… 125
4　事業部制組織 ……………………………………………… 126

第4節　経営管理論の展開 ……………………………………… 131
1　伝統的管理論の課題 ……………………………………… 133
2　人間関係論の主題と限界 ………………………………… 134
3　近代管理論の問題領域 …………………………………… 135

第5節　経営管理の革新とその領域 …………………………… 138
1　組織と意思決定 …………………………………………… 138
2　組織と人間問題 …………………………………………… 140
　(1)　単調労働の問題 ………………………………………… 140
　(2)　組織への定着と離職 …………………………………… 142
3　集団的意思決定の問題 …………………………………… 143
　(1)　会議による意思決定 …………………………………… 143
　(2)　稟議制度の評価と問題 ………………………………… 144
4　社会的責任の問題 ………………………………………… 146
　(1)　企業と利害関係者集団の関係 ………………………… 147
　(2)　企業の価値体系の問題 ………………………………… 147
　　　　企業の総合社会的責任指標 ………………………… 148
　(3)　組織と情報 ……………………………………………… 151
　(4)　企業の担当する機能 …………………………………… 151

目次

　　　　(5)　環境コストと再循環 ………………………………………… *153*
　　　5　経営参加の問題 …………………………………………………… *155*

第7章　企業資本の構造と管理 …………………………… *159*

第1節　資本の調達 ……………………………………………………… *159*
　　　1　企業における財務活動 …………………………………………… *159*
　　　2　企業の資本調達と資本構成 ……………………………………… *160*
　　　3　自 己 金 融 ………………………………………………………… *161*

第2節　資本運用の形態と管理 ………………………………………… *164*
　　　1　資本運用の形態 …………………………………………………… *164*
　　　2　資本運用の管理 …………………………………………………… *166*
　　　3　資本回転率の規定要因 …………………………………………… *167*

第3節　資本固定化の問題 ……………………………………………… *171*
　　　1　資本固定化の危険 ………………………………………………… *171*
　　　2　固定資産投資の課題 ……………………………………………… *172*
　　　　(1)　設備投資計画 …………………………………………………… *173*
　　　　(2)　操業度維持政策 ………………………………………………… *174*
　　　3　経営外資産の管理 ………………………………………………… *175*
　　　　(1)　関係会社投資 …………………………………………………… *175*
　　　　(2)　企業間信用 ……………………………………………………… *177*

第8章　企業の市場行動 …………………………………… *181*

第1節　企業の価格政策 ………………………………………………… *181*
　　　1　価格政策の意義 …………………………………………………… *181*
　　　2　価格政策と生産・販売条件 ……………………………………… *183*
　　　3　価格決定と原価 …………………………………………………… *185*
　　　4　企業における価格決定の権限 …………………………………… *187*

目　次

第2節　価格競争回避の諸条件 …………………………………… 191
1　価格政策の限界 ……………………………………………… 191
(1) 価格への公的統制 ……………………………………… 191
(2) 価格カルテルの形成 …………………………………… 191
(3) 価格指導制 ……………………………………………… 191
2　製品の同質化と非弾力的市場 ……………………………… 192
第3節　非価格競争の展開 ………………………………………… 194
1　非価格競争 …………………………………………………… 194
2　非価格競争と間接費 ………………………………………… 195
3　非価格競争に内在する諸問題 ……………………………… 197

索　引 ……………………………………………………………… 199

第1章　企業の制度的構造

第1節　企　業　形　態

1　企業形態と経済体制

　現代の企業および経営管理の諸問題をとりあつかう場合，われわれはまず，企業の諸形態と，それぞれの企業形態の構造上の特質を理解しておかなければならない。

　現代の企業といっても，そのなかには，じつに多種多様な企業が存在している。しかし，これらの多種多様な企業について，第一次的な大分類を試みるとしたら，企業の所有関係を中心にして，すなわち，企業の出資者資本が私的資本または公的資本のいずれによって構成されるかを基準にして，(1)私企業，(2)公企業，(3)公私合同企業の三形態に大別される。

　私企業（private enterprise）は，出資者資本が私人の出資，すなわち民間資本によって構成され，その所有関係は私的所有ないし民間所有として特徴づけられる企業である。

　公企業（public enterprise）は，出資者資本が国または地方公共団体の出資によって構成され，その所有関係は，公的所有として特徴づけられる企業である。

　公私合同企業（mixed enterprise）は，出資者資本が民間資本と国または地方公共団体との共同出資によって構成される企業であり，その所有関係は民間と公的機関との共同所有として特徴づけられる。

　われわれの経済社会では，私企業が一般的な企業形態であるが，特定の公共的な性質をもつ事業分野においては，公企業または公私合同企業の形態が存在している。私企業が一般的な企業形態となっているのは，企業に関する法形式

が私企業を基本とした会社制度として制度化されており，企業はこの会社制度にもとづいて設立され，運営されているからである。これに対して公企業および公私合同企業は，一般に会社制度とは別個の法律にもとづいて設立および運営が行われ，その事業分野もこれらの法によって限定されている。

このように，私企業または公企業のいずれが一般的な企業形態となるかは，企業に関する法形式によるのであって，わが国をふくめて資本主義国とよばれる諸国の法形式には，企業の私的所有を基本とする私企業を一般的な企業形態として制度化しつつも，特定の事業分野においては，公企業または公私合同企業の形態を制度化するという傾向がみられ，このことによって，これらの諸国は，いわゆる混合経済体制として特質づけられている。

> 経済学者ポール・サムエルソン（Paul A. Samuelson）は，「現存の社会は，市場と指令と伝統の要素が混在する混合経済」と述べ，また「そこでは，民間の機構と公共的機構の両方が経済面での統御にたずさわる。民間側の体制は市場メカニズムの見えざる手による方向づけによってであり，公共的機構のほうは規制的な指令や財政的刺激誘因によってである」として，"mixed economy"などの表現を用いている（P. サムエルソン ＆ W. ノードハウス『経済学』（上）都留重人訳（岩波書店）25，37，47ページ参照）。

2　私企業の諸形態

私企業が一般的な企業形態であるとはいえ，私企業のなかには，たがいに形態のことなる企業が存在している。すなわち，私企業は，まず第1に出資者資本の構成について，資本結合の有無，資本結合の範囲の限定性の有無を基準として，第2に，出資と経営機能との結合の形式または結合の程度を基準とし，(1)個人企業，(2)少数集団企業，(3)多数集団企業の3つに分けられる[1]。

個人企業は，出資者資本が単一の出資者の出資によって構成され，他の出資者との資本結合はなく，出資と経営機能とは全面的に結合している。

これに対して少数集団企業は，出資者資本が，制限的な少数出資者の出資した資本の結合によって構成され，また，出資と経営機能との結合関係には，出資者のすべてが経営機能を担当する形式と，出資者の一部が経営機能を担当す

る形式とがある。前者に相当する会社形態は合名会社であり，後者には合資会社がある。

多数集団企業は，出資者資本が無制限に多数の出資者の出資する資本の結合によって構成されうることと，出資と経営機能との関係が分化されることにその特徴があり，これに相当する会社形態は株式会社である。

われわれは，私企業を上記のような形態に分類したけれども，このような企業形態の分類自身がどんな意味をもつかを理解しておく必要があろう。

第1に，企業は，歴史的には，まず個人企業として生まれたが，資本結合が進み，また資本結合の範囲が拡大されるにつれて，個人企業から少数集団企業へ，さらに多数集団企業へと発展してきた。したがって，これらの企業形態は，企業の歴史的な発展の過程を反映しているということである。これは，企業における出資者資本の構成が，単一の出資者による資本から，制限的な複数の出資者資本の結合へ，さらに非制限的な多数の出資者資本の結合へと進展していく過程を示すものにほかならない。

第2に，企業形態の上記のような分類は，出資者資本の構成上の変化に伴って，出資と経営機能との関係が，結合から分離を示し，この点での企業の発展段階を反映していることである。単一の出資者資本の場合には，出資者が経営機能を担当しているが，出資者資本の構成が多様化し，資本結合が進むにつれて，出資者全員が経営機能を担当することは，経営機能遂行上の統一的な意思決定が困難となるため，出資と経営機能の分化が必要となる。多数集団企業は，社会に存在する潜在的な資本を広く吸収し，出資者資本として結合すると同時に，出資と経営機能との分化を図り，統一的意思決定の可能性を求めた企業形態とみることができる。

3　企業の法形態

企業の諸形態は，法形式の外衣をまとって会社法上の会社形態として制度化されている。

企業形態は，経済活動を行う主体のしくみであって，これは人間が長い年月

をかけて考え出し，築き上げてきた経験的事実なのである。このような経験的事実としての企業形態も，ある発達段階に達すると法的形式を要求するようになり，経済活動の主体に対する法的な外衣ともいうべき形式が会社として制度化されるようになった。もっとも，わが国の企業形態に関する限り，明治政府がドイツその他の私法を参照して企業に対する法形式を定め，ある程度，経済活動の主体のしくみを指導したという事実があるけれども，しかし，より広い視野で考えれば，経済的事実を法形式が追認してきたという関係は否定できないであろう。

このように，経済活動の経験的事実として形成された企業形態に対応した法形式としての企業形態があり，わが国では会社法上の合名会社，合資会社，有限会社，株式会社の形態がこれである。したがって，現実の企業は個人企業か，またはこれらの会社形態をとって存在しており，企業の創設者および経営者は，企業活動を開始するにあたって，またはそれを継続していく過程において，いずれの形態を選択するかの意思決定をせまられる。ここでは，次に個人企業，および会社法上の各会社形態のなかに，それぞれどのような特徴が存在し，またそれらの特徴がどのように制度化されているかを観察してみよう。

(注)
(1) 企業形態の分類について，次のような分類方法がある――1）個人企業（Einzelunternehmung），2）人的集団企業（Personalvereinigung；Personalgesellschaft），3）混合的集団企業（gemischte Vereinigung；gemischte Gesellschaft），4）資本的集団企業（Kapitalvereinigung；Kapitalgesellschaft）。なお2）の代表的な法律形態としては合名会社，3）のそれは合資会社およびかつての有限会社，4）のそれは株式会社であり，占部都美教授は，これらの「各形態の展開を通じて，資本結合の範囲の拡大が行われるとともに，所有と経営が分離し，さらに両者の分離の範囲が拡大することを通じて，企業者職能の展開が行われていくことに注意しなくてはならない」と指摘している（占部都美『企業形態論』133ページ）。
(2) 会社制度の形成過程について，「資本主義の先進国西欧では，前期的資本の集積集中の形態として，民間の慣行のうちに次第に会社の諸方式が形成され，それが国家法にとりあげられ整備されて，会社法となるが，わが国ではその順序

がまさに逆である。明治政府は，成立早々，早くも会社企業の創設に力をかたむけ，しぶる商業＝高利貸資本を説得し，場合によっては威力を示し，強制までして，会社の結成に向わせたのであった」──福島正夫「財産法」（法体制準備期）（鵜飼信成他編『講座日本近代法発達史』Ⅰ）78ページ。

第2節　個　人　企　業

1　個　人　企　業

　個人企業は，すでに述べたように企業の出資者資本が単一の個人の出資によって構成されており，出資と経営機能を，個人が単独で担当している企業である。個人企業の創設は容易であり，個人すなわち企業者によって企業の創設について意思決定がなされ，行動が開始されれば，個人企業は成立をみる。個人企業の存続は，企業者の生命および活動能力と時を同じくし，企業者の死亡または活動能力の喪失によって消滅する。

　個人企業においては，出資者は出資と経営の全責任を負い，企業の損益はすべて出資者個人に帰属する。出資者の責任は無限責任であるから，たとえ出資者が企業に出資した財産を，他に保有している個人財産と区別しておいても，それは計算上の分離にとどまり，出資額をこえて無限に債務弁済責任を負わなければならないから，個人財産にまで企業の損失が及ぶことになる。このため実質的には個人企業でありながら有限責任の利益をうけるために，名義上の出資者を加えて法形式上合資会社，有限会社，株式会社等の形態をとることがある。

2　個人企業の特質

　個人企業においては，出資者と企業との関係は密接であり，出資者の企業経営にたいする利害関係は，他の企業形態におけるよりもはるかに大きく，このことは経営活動を積極的にさせることはいうまでもない。しかし個人企業は，資本調達能力において限界がある。出資者個人の資力はかぎられており，また資力の大きい個人は危険分散の原則に従って，一企業に自己の全財産を投入することを好まないし，また借入れによる資本の調達は，個人の信用にもとづくものであるから，制限をうけざるをえない。

　しかし，個人企業は個人の自由な意思決定により少額の資本で容易に創設で

きるために，わが国では多額の資本を必要としない小規模の事業が，数多くの個人企業によって経営されている。

個人企業の実態

わが国の事業所統計調査（隔年7月1日現在）によると，個人企業の事業所数（農林水産業をのぞく）は，約313万（2001年）で，全事業所数の約44％を占める。これらの個人企業のうち多い業種をあげると次のとおりである。

第1表　個人企業に多い業種

業　種	個人企業事業所数	従業員数
卸売・小売業，飲食店	145万7,854	440万4千人
サービス業	93万8,742	273万5千人
製造業	26万0,635	80万3千人
建設業	24万5,083	69万6千人
不動産業	10万6,986	25万1千人

（出所）『日本の統計』2005（総務庁統計局編），66ページ。

また，「個人企業経済調査」（総務庁統計局）によると，全国にある個人企業のうち製造業，卸売・小売業，飲食店，サービス業を対象とした個人企業の経営実態は，次のとおりである。

第2表　個人企業の経営

		売上高	従業員数
製造業	平成12年	10,874（千円）	2.29（人）
	平成14年	10,516	2.77
	平成15年	11,535	2.84
卸売・小売業	平成12年	19,130（千円）	2.39（人）
	平成14年	19,204	2.91
	平成15年	19,854	2.93
飲食店・宿泊業	平成15年	9,803（千円）	3.22（人）
サービス業	平成12年	7,181（千円）	2.01（人）
	平成14年	6,501	2.20
	平成15年	6,100	2.17

（出所）『日本の統計』2005（総務庁統計局編），82ページ。

アメリカにおける個人企業の実態を知るうえに，次の事実が参考となる。「1980年代末のアメリカには，1700万以上の異なる事業体が存在する。これら事業体の大部分は一個人によって所有されている非常に規模の小さいもの－個人業主－であり，

第1章　企業の制度的構造

……最大の事業体は株式会社となるのが普通である。数から言えば，非常に小さい自家所有の個人業主が圧倒的に多いビジネスの形態である。しかし，その取り扱う金額，その政治的および経済的パワー，およびそれが支払う給与総額ないし雇用数においては，200ないし300程度の最大株式会社が戦略的に支配的な地位を占めている」（P. サムエルソン& W. ノードハウス『経済学』前掲訳書，465ページ）。

　なお，個人企業を，企業形態のなかで軽視しえない理由として，(1)会社形態をとる企業においてもしばしば創業時に個人企業として活動が開始されることと，(2)個人の組織からの離脱現象に伴い，知的サービスその他に関連した事業分野では，個人企業によってこれらの事業が営まれることが多いことである。[1]

（注）
(1) 個人企業のなかには，技術開発等の知的活動において重要な役割を果たしているものがあるといわれ，次の事実はこのことを示唆している。

「1958年に合衆国が認可した特許の40％までは，法人向けではなくて，個人向けであったし，シュモクラーの推定では，法人取得の特許でも，正規の研究開発機構内にいなかった部外者が個人的に始めた研究に端を発するものが，おそらく3分の1はあるだろうということである」，「ジュークス（Jewks）等のケース・スタディによると，民間会社の研究開発では，とても思いつかないとか，あえて手がけようとはしない冒険に着手して，飛躍的な機械や消費財の発明に個人発明家が大きな役割を果たしてきたことが明らかにされている」R. R. Nelson, M. J. Peck, E. D. Kalachek, *Technology, Economic Growth and Public Policy*, 1967, 『技術開発と公共政策』矢島鈞次・中村寿雄訳，63ページ。

第3節　会　社　形　態

　これまでの日本の会社形態は旧商法による合名会社，合資会社，株式会社，および有限会社法による有限会社の４つの会社形態が存在していた。

$$
\text{これまでの会社形態}\begin{cases}\text{旧商法による}-\begin{cases}\text{合名会社}\\ \text{合資会社}\\ \text{株式会社}\end{cases}\\ \text{有限会社法による}-\text{有限会社}\end{cases}
$$

　しかし新しい会社法（2005年公布，2006年施行）により新たに次のような形態に分類され，制度化されることになった（なお有限会社は有限会社法の廃止により新設はできず，株式会社への変更，有限会社の名のまま株式会社として存続などが認められている）。

$$
\text{会社法による会社}\begin{cases}\text{株式会社}\\ \text{持分会社}-\begin{cases}\text{合名会社}\\ \text{合資会社}\\ \text{合同会社}\end{cases}\end{cases}
$$

　新しく制定された会社法では株式会社が筆頭におかれ，合名，合資，合同会社は持分会社として分類されている。しかし会社法とは別に，企業の発展過程を考慮し，ここでは持分会社から説明することにする。

1　持分会社

　持分会社というのは，少数の社員（出資者）によって設立され，出資者がみずから事業を経営する会社であるという共通の特徴を有している。また持分会社では所有と経営の一致が前提であり，有限責任社員を含む全社員（出資者）に業務執行権を認めていることや，持分会社には法人出資も認められている。

(1)　合名会社

　合名会社は２人以上の無限責任社員によって構成される会社である。合名会社は，会社形態の第１段階として，個人企業の直接の結合という形をとってい

る。それゆえ合名会社は，出資者全員が無限責任を負うのであるから，いちじるしく人的要素をふくんでおり，家族企業的，個人企業的な性格がつよく，人的会社（Personalgesellschaft）といわれ，物的会社といわれる株式会社と対比される。もちろん法人であるから，社員個人から独立した企業である。しかし，すべての社員（ここで社員とは法律上の用語であって，会社の構成員すなわち出資者をさす）が無限責任を負うために，企業の盛衰はただちに社員個人におよび，したがって財産上からいえば，企業の財産と個人の財産との間には不可分の関係が存在している。すなわち各社員は無限責任社員であって，対外的に自己の全財産をもって連帯で，債務弁済の責任をもつ（会社法580条）。また，各社員は定款に定めないかぎり，会社の業務を執行する権利義務をもち（会社法590条），経営機能を担当するのであるから，出資と経営機能は結合関係にある。このように合名会社にあっては，(1)出資者資本が人的結合を基礎にして構成され，(2)出資者全員が無限責任を負い，(3)出資と経営機能が完全に結合しているという特質をもっている。

合名会社は大資本を必要としない小規模の事業に適し，商業部門に多くみられる。合名会社の設立は，定款作成と設立登記の2つで設立され（会社法575条，579条），株式会社にくらべるといちじるしく手続きは簡単である。それは社員および出資は定款で確定され，社員は当然に機関となり，無限責任であるという理由による。

(2) 合 資 会 社

合資会社は無限責任社員と有限責任社員とによって構成される会社である（会社法576条）。旧商法では合資会社の，無限責任社員は，出資者であるとともに経営者であり，ここでは出資と経営とが結びついているが，有限責任社員においては，業務執行の権限を持たず出資と経営とが分離されていた。しかし新しい会社法では合資会社の有限責任出資も，定款に特別な規定をしない限り業務執行権を有することになった。合資会社は，有限責任社員の資本を個人財産から分離せしめることによって，出資者資本の調達が合名会社にくらべて容易

となる。しかし巨額の資本を要する大企業に適合するには，なお多くの重要な制限が存在している。会社の債務については，その出資額を限度として直接の弁済責任を負い，このため有限責任社員は，業務を執行する無限責任社員を十分に信用しうる場合にのみ出資することとなる。この点は，合名会社におけると同様に，各社員がおのおの人格的に他の社員を信頼している場合にのみ成立し，各社員間の個人的信用が基礎となっているところから，合資会社も人的会社とよばれる。

これらの合名会社および合資会社等の人的会社は，歴史的には個人企業についで古く，合資会社の形態はすでに中世イタリアの海上貿易，海上運送において行われていたコムメンダ（commenda）の出資者と企業家の共同企業形態にその起源が存するといわれている。[1]

(3) 合同会社

合同会社は，新しい会社法のもとで導入された会社形態であり，アメリカのLLC（Limited Liability Company）を参考として制度化された。合同会社は出資者全員が有限責任であること，定款にもとづき定款自治の原則（会社法ではこまかい点を規定せず各企業の定款で定めたことを尊重しそれに委ねること）によって運営されること。議決権の割合や，利益配分の割合などを定款で自由に規定することもできる，などの特徴をもっている。

上記の合名会社，合資会社，合同会社は会社法上，持分会社として分類されており，持分会社の社員（出資者）は利益配当請求権，出資の払戻請求権，残余財産請求権をはじめ，業務執行権，代表権，あるいは監視権を有している。すでに述べたとおり持分会社は出資者が事業を経営し，出資と経営の一致を前提とする会社ということができる。

2 株式会社

企業活動の拡大に伴い，資本の単位を増大する必要にせまられるが，合名会社，合資会社のように個人的資本を結合する形態では，その必要に応ずることがむずかしく，ここに企業形態は質的変化をとげ，近代の株式会社形態

(corporation, joint stock company, Aktiengesellschaft) が生まれた。企業は株式会社形態をとることにより，広く社会の資本を結合することができるようになるのである。株式会社が資本所有の個人性を打破したのは，有限責任の制度のうえに，資本を株式に分割してこれを流通証券化したことにある。

資本の結合ないし集中形態としてみると，人的結合に重点をおいた合名会社，合資会社等の人的会社にたいして，株式会社は資本的会社・物的会社といわれるように，株式を通じて多数の出資者から，人的結合によることなく，多額の資本を集中することができる会社形態である。

株式会社は，現代企業のもっとも，代表的，かつ支配的な会社形態であるが，その主な特質を要約すると，およそ次の諸点を指摘することができる。[2]

(1) 株式の発行による資本の証券化
(2) 出資者全員の有限責任制
(3) 出資（所有）と経営機能との分化

まず(1)について，株式会社は，株式の発行によって資本金が均一の株式に分割され，証券化しており，これに伴って一方では，資本金として払い込まれた資本は企業内部で資本として機能し，他方，会社の発行した株式は，それ自体資本価値を持って株式市場を流通するという形をとっている。また株式の発行によって，社会の貯蓄は，いつでも株式取得を通じて会社の所有（出資）に参加することができ，会社からみると資本調達が容易となっている。

(2)について，株式会社の出資者（株主）は有限責任であり，出資額を限度として責任を負うのであるから，無限責任を負う出資者のように，企業財産と個人財産との間に密接な関係はない。したがって出資者の危険負担は，軽減されている。このことはまた，社会における投資を目的とした貯蓄が，容易に会社の出資者資本として吸収，結合，調達されることを可能にしている。

(3)の株式会社における出資と経営機能の分化については，まず制度上，出資者の株主総会とは別個の機関である取締役会を組織し，ここで業務執行上の意思決定を行うとともに，さらにその決定を代表取締役を選任して，これに担当せしめるしくみになっていることである。すなわち，株式会社は，形式的には，

第3節　会　社　形　態

出資者（株主）から委託をうけた経営上の意思決定機関たる取締役会を中心として，運営される制度となっている。出資と経営機能は，このように形式的，制度的には分化し，分離されている。しかし，事実上は，現実の株式会社において，出資と経営の分離がどの程度まで行われているか，といった問題がしばしば論議されている。なお会社法は株式会社について持分の譲渡を制限している会社と制限していない会社などに分類して規定している。[3]

(注)
(1) 会社形態の発生史において，個人資本の結合のしかたに2つの形態がある。第1は，相互的な共同企業的結合関係であり，これをソキエタス（societas——結社を意味するラテン語）といい，各メンバーは出資にとどまらず企業機能を持ち，企業の負債に対して無限責任を負う。イタリアにまず現われ，これが継続企業となってヨーロッパの合名会社の原型となった。第2は，持分資本（Anteikapital）として，すなわち出資額を限度とする有限責任で，企業家や上記のソキエタスに対して出資される形態であり，この出資形態をコムメンダ（commenda）とよぶ。こうしたコムメンダ的出資により形成されたソキエタスをマグナ・ソキエタス（magna societas）といい，合資会社の原型とみられている（大塚久雄『株式会社発生史論』『大塚久雄著作集』第1巻，岩波書店，1985年，107～108，126ページ）。
(2) 株式会社の形態的特質について，大塚久雄教授は，1) 全社員の有限責任制，2) 会社機関の存在，3) 譲渡自由な等額株式制，4) 確定資本金制と永続性を挙げ，なかでも「株式会社の発生を識別すべき決定的指標が，〈全社員の有限責任制〉に存すること」を指摘し，しかも，全社員の有限責任制が他面，無限責任的支配の消滅，したがって会社機関による支配形態の確立を意味するものであることを強調している。（大塚著，前掲著作集第1巻，24～25ページ参照）。
(3) 会社法によると株式会社について，①定款に株式の譲渡制限を設けている会社…定款で全部の株式の譲渡に制限を設けている会社，②公開会社…株式を証券市場に上場している会社という意味ではなく，株式の譲渡について定款に規定を設けていない会社，すなわち前記①の株式の譲渡制限を設けている会社以外の会社が公開会社となるというように区分している（会社法第2条第5号）。③監査役設置会社・監査役会設置会社…公開会社には委員会設置会社を除いて監査役を置かなければならないと規定し（会社法327条第2項），さらに大会社（資本金5億円以上または負債額200億円以上の会社）は監査役会および会計監査人を置かなければならないと定めている。④委員会設置会社…指名委員会，監査委員会，報酬委員会を置く会社で，監査役に代って監査委員会（社外取締役を中心とする）が監査機能を担当するほか，取締役とは別に執行役を置くことについて規定している。こうした会社法上の規定については後述する。

13

第2章　株式会社の構造

第1節　資本の証券化

　株式会社は，現代のもっとも代表的な，また支配的な企業形態であるが，その企業形態としての特質の1つは，資本の証券化という点にみいだされる。
　株式会社は株式を発行して資本を調達するという点で，他の会社形態と基本的に異なる特徴をもっており，しかも株式が譲渡自由の原則にもとづいて証券市場で売買され会社の所有者（株主）が変化していくことが認められている。会社法では定款に株式譲渡の制限を設けていない会社を公開会社と呼んでいるが，この公開会社が株式会社の本来の形態であるといってよい。
　株式会社はその資本調達上の特殊性を通じて，現代の証券資本制度の基礎をなしている。株式会社においては，出資者資本自体が株式に分割され，証券化されており，これを所有することは企業を持続的に所有することにほかならない。だから投資家は企業の経営内容の変化に応じて自由にその株式を売買できるのであって，資本の証券化というのはこの事実をさすのである。こうして企業所有の関係は，企業自体の意思とは独立して不断に変動しうる。株式の購入によって，自由に企業所有の関係にはいることのできるこの制度においては，一企業の支配は，その所有株式が全株式のなかで占める割合を増大させることによって実現しうるのである。こうした株式の完全な流通証券化も，証券取引所を中心とする証券市場制度の発展とともにもたらされた。資本は少額の単位に分割されて証券化し容易に売買譲渡されて転々と流通するものとなったから，一定の最低額以上であれば，いかなる貨幣額も，また誰の所有のものでも，これを企業の資本に結合することができることになった。結合された資本は経営の内部にはいり，機能資本として一体として作用するけれども，他方その持分

は，小単位に分かれ株式となって証券取引所を通して転々と流通する。これによって企業は，個人的所有の限界をこえて，広く社会的資本を動員することが可能となったのである。

　株式会社においては，企業のなかで各種の資産に姿をかえて機能する資本とは別個に，資本の持分の証券化された株式が証券市場を通じて独立の運動を展開する。利益をもたらすのは企業内で機能する資本であり，株式は生みだされた利益にたいする分けまえ，すなわち配当を得る権利が資本化したものにすぎないから，擬制資本 (fiktives Kapital) といわれる。株式会社では，資本はこうして現実に機能しつつある資本と，擬制資本とに分裂する。[1] 株式会社においては，以上のような資本の証券化という特質によって，企業の経営管理に事実上あずからない多数株主の参加が可能であり，したがって出資者資本の結合は巨額にのぼり，株式会社形態によってはじめて大規模な企業の形成が可能となるのである。

　株式会社においては，資本が証券化し，株主が多数となり，それが証券市場の発展に伴って分散すると，株主の大多数の性格は変わってくる。すなわち経営参加の意思から配当所得および投機利得への関心の移行である。出資者である株主の大部分は，株主総会において経営に参加することを欲せず，したがって株主総会は有名無実の存在となり，いわゆる不在所有制 (absentee ownership) が実現する。そして白紙委任状による議決の制度もこの傾向を助長する。また経営管理機能についてみると，この機能を担当できる者を出資者のなかからのみ求めることは，かならずしも容易ではなく，むしろこれを専門の知識と能力をもつ者に委託することが合理的となり，ここに有給経営者または雇用経営者 (salaried manager or hired manager) が出現し，形式的には経営は出資から離れ，経営者によって独自の観点から行われるようになった。

　このようにして企業の発展に伴う資本額の増大，株式の分散と株主の性格の変化，経営管理機能の複雑化という3つの事情から，経営管理機能は出資者の手を離れる傾向があり，この現象を出資（所有）と経営（支配）の分離というのである。このような出資と経営の分離は，現代私企業の典型である株式会社

第1節　資本の証券化

にみられる1つの重要な特質であるから，これにもとづいて私企業の変化を究明しようとする多くの試みがなされている。たとえば経営者革命論はその代表的なものといえよう。[2]

（注）
(1) 擬制資本の特有な流通形態について，ヒルファーディング（Rudolf Hilferding）は，次のように説明している。「株式（A）が発行され，したがって貨幣（G）と引換えに売られる。この貨幣は2つの部分に分れる。1つの部分（g_1）は創業利得をなし，創業者，たとえば発行銀行のものとなって，この循環の流通から脱落する。他の部分（G_1）は生産資本に転化されてわれわれのすでに知っている産業資本の循環を描く。株式は売られている。株式そのものが再び流通すべきものとすればそのためには追加貨幣（G_2）が流通手段として必要である。この流通A──G_2──Aは，その場所を特有の一市場，取引所に見出す。かくて次のような流通図ができる。

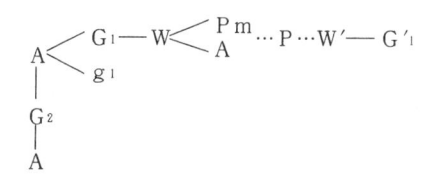

$$A \begin{matrix} \nearrow G_1 - W \begin{matrix} \nearrow Pm \\ \searrow A \end{matrix} \cdots P \cdots W' - G'_1 \\ \searrow g_1 \end{matrix}$$
$$| \\ G_2 \\ | \\ A$$

株式の流通途上に待ちうけているもろもろの事件や事故は，直接には生産資本の循環には触れるところがない」（*Das Finanzkapital*. Dietz Verlag. S. 147. 『金融資本論』岡崎次郎訳，185ページ）。
(2) ジェームズ・バーナム（James Burnham），（*The Managerial Revolution*, 1941『経営者革命』武山泰雄訳）。バーナムは，企業制度に関するヴェブレン（T. Veblen）の基本的な考えの影響を受けながら，またバーリ＝ミーンズが明らかにした所有と経営の分離の事実を基礎にしてこの本を書いた。バーナムによれば，第1次大戦以降において先進諸国は，資本家的社会から経営者社会（managerial society）に移行しつつあるという。

第2節　出資と経営の分離

　株式会社における出資と経営の分離論が提起されたのは，バーリ＝ミーンズの共同研究『近代株式会社と私有財産』（Adolf A. Berle & G. C. Means, *The Modern Corporation and Private Property.* 1932. この本は1968年に新しい統計を付して再刊されている）が公刊されたときにはじまる。この本で，かれらは1930年のアメリカ産業の最大株式会社200社の実証研究を試み，会社支配の第1位が経営者支配（management control）であることを確認した。こうした経営者支配の成立している大株式会社では，所有権（ownership）と支配（control）は分離しており，株主はたんなる資本の供給者，危険負担者となり，経営者は株主の支配から離れて会社を支配し，経営していることを明らかにしたのである。

　ところで，ここでいう経営者支配とは，何を指すのであろうか。バーリ＝ミーンズによると会社支配の形態には，次の5形態があるという。

(1) 完全所有による支配

　　株式所有の割合が発行済株式のほとんど全部におよび，経営支配の実権が所有に帰属している場合。

(2) 過半数持株支配

　　発行済株式の過半数を所有して経営支配権をもつ。

(3) 法的手段による支配

　　発行済株式の過半数を持たずに，法的規定をたくみに利用して経営支配権を確立する方法であり，持株会社の累積，議決権信託制，無議決権株の援用などによる支配権の確立。

(4) 少数持株支配

　　発行済株式のなかばをはるかに下回る，たとえば15％の所有によって支配の維持が可能となる。

(5) 経営者支配

　　バーリ＝ミーンズの調査では，当時ペンシルベニア鉄道の最大株主でも，

発行済株式の0.34％を所有するにすぎず，20人の大株主の持株数を合計しても2.7％にすぎない。すなわち，その所有権があまりにも広く分散されているので，会社の諸活動を支配するのに十分な株式を持つ個人，あるいは小集団すら存在せず，経営者の持株比率は，ほとんどとるにたりないにもかかわらず会社の支配権を掌握している。

　以上の5つの分類に従って1930年初頭のアメリカにおける上位200社の支配形態を調査した結果は，次のとおりであった。

	会社数に対する割合	富に対する割合
経 営 者 支 配	44％	58％
法律的手段，方法による支配	21％	22％
少 数 持 株 支 配	23％	14％
過 半 数 持 株 支 配	5％	2％
個 人 所 有	6％	4％
管財人の手中にあるもの	1％	極めて少
	100％	100％

（出所）『近代株式会社と私有財産』北島忠男訳，117ページ。

　このうち，経営者支配が行われている会社は，株主の支配から離れた独立の存在となり，しかも準公共的会社（quasi public corporation）となっている。したがって経営者は，公共的性格にもとづいて所得を配分する純粋中立の技術主義に発展すべきであるという。このような準公共的会社を特色づけるものとして，会社の規模と証券市場への株式公開，という2つの事実をあげていることは注目される。すなわち所有と支配の分離は，株式分散によって行われるが，この株式分散は，会社資本の増大とともに行われるわけであるから，会社の規模の増大が，準公共的会社を形成せしめる第1の要因とみていることである。第2に，株式の分散は，会社の株式が証券市場に上場され，それが少額の売買単位で自由に売買されることによってもたらされる。以上2つの要因によって，株式会社は準公共的会社の性格をもつが，こうした大株式会社の発達に伴い，資本と経営の分離が事実上進行している，というのがかれらの研究の結論であった。

なお，バーリ＝ミーンズは，支配の意味について，経営者すなわち取締役を選任し，解任しうる力の保持であるとしこの定義にもとづいて，経営者支配を実証したわけである。

バーリの主張は，さらにかれの『二十世紀資本主義革命』(*The 20th Century Capitalist Revolution*, 1954)，および『財産なき支配』(*Power without Property*, 1959) にうけつがれ，展開されているが，このような経営者支配の成立については，その実証的調査方法そのものに問題があるともいわれ，またかれの研究にたいする批判もあるが，近代株式会社の発展と，会社の性格の変化を解明した点で高く評価されている。[1]

『近代株式会社と私有財産』の1968年の改訂版において，ミーンズは，1929年から1962年までの33年間における経済力集中の進展を統計的に実証している。

1 分離論をめぐる諸問題

バーリ＝ミーンズの先駆的な研究と，その結論についてはさまざまな見解があるが，その1つに，この結論を肯定し，所有と支配の分離が現実にはいっそう進行しているという意見がある。経済学者ラーナー (R. J. Larner) が，1966年の *The American Economic Review* (LVI, No. 4) に発表した調査では，株式会社における所有と支配の分離に関するバーリ＝ミーンズ説は，1960年代において，いっそう当てはまると述べている。彼によれば，バーリ＝ミーンズが調査した当時，アメリカ最大200社のうちには，まだ発行済株式の80％以上を個人で所有している会社が6社もあったが，1963年には，このような会社は最大200社中1社もなかったという。

こうした所有と経営の分離論について留意すべき点を，次に摘記しておこう。

まず第1に留意すべき点は，所有と経営の分離について，バーリ＝ミーンズは，会社規模の増大と株式の上場による公開制度の2つの要因によって株式が分散している事実を重視していることである。すなわち，株式を上場している公開会社と，非公開会社とを区別して考えるべきであるという点である。

第2に，所有と経営の分離は，それを株式会社の形式的，制度的な特質と考

える場合には，これについての異論がより少ないという点である。すなわち，現行の株式会社制度においては，商法254条の規定が，「会社は定款をもってするも取締役が株主たることを要すべき旨を定むることを得ず」と定めているから，取締役は株主であることを要しないことになっている。アメリカにおいても，一部の州では州会社法によって取締役は株主たるべきことを明確に規定しているが，しかし大多数の州では，定款または付随定款にとくに定めない限り，取締役は株主たることを要しないことになっている。(2) そして，定款または付随定款にこの定めを設けている会社は，ごく一部にすぎない。

　第3に，所有と経営の分離により，経営者支配が成りたつには，株主総会，取締役会，監査役の無機能化という前提条件が存在することであって，このことは，会社制度において支配的経営者のコントロールをどのような方法で制度化するかという問題の提起を意味している。(3)

2　自己金融と経営者支配

　巨大株式会社が自己金融によって資本的に自立していく結果，金融資本支配は消滅して経営者支配が確立するという見解はバラン＝スウィージィによって主張され，わが国でも同様な見解を主張するむきがあるようだが，企業の自己金融化傾向による資本的自立という仮説は事実によって検証されるかどうかが問題であろう。

　アメリカの企業金融の傾向を観察してみると，1960年代の後半から外部資金への依存度が強まっている。その背景には，60年代後半から70年代前半にかけて物価上昇と経済活動の拡大基調がつづいたために，企業にとっては設備投資および在庫投資に必要な資金が名目的に増大していくのに対し，実質利益の増加がともなわず，その結果，資本支出額の増大に対して内部資金の伸びが抑えられ，この資金不足分のほとんどが外部資金によってまかなわれることになり，それも株式による資金調達は少なく，外部負債を中心とした資金調達が行われることとなった。しかも1960年代後半から70年代前半におけるアメリカの商業銀行の積極的な貸出行動──ＣＤ金利の上昇等資金コストの増大による純収入

減少傾向への対応策——とも無関係ではなく，このような銀行の経営行動を含めて企業の外部金融依存が促進された。[(4)]

筆者の観察では，企業の資本調達行動は，循環的な性質をもち，したがって外部金融への依存度も短期的に変化すること，および個別企業レベルで観察すると外部資金依存度の低い水準を長期にわたって維持している企業が存在していることが認められる。なお外部資金への依存度が高まることが，直ちに金融資本支配を意味するかのごとく考えられているとしたら問題であろう。

3　企業と金融機関

経営者支配論に対する批判者たちが依拠する主な資料のひとつは，米国下院銀行・通貨委員会のパットマン下院議員を委員長とする国内金融小委員会の調査報告，通称「パットマン委員会報告」（『銀行集中と産業支配』志村嘉一訳，東洋経済新報社，1970年）である。この報告書は「銀行持株の所有と支配」(1966年)，「商業銀行の支配と金融機関の結合関係」(1967年)，「商業銀行の信託活動」(1968年) などからなり，商業銀行の信託部門の活動が銀行の企業に対する支配力の強化に寄与していることを分析し，企業に対する金融機関の支配の実態を明らかにしたもので，この報告書自体は「合衆国の主要な会社の支配形態について新しい議論をやりなおす必要がある」と述べ，いわゆる経営者支配論の根拠について再検討の必要があることを示唆したものであった。

D. コッツ（David M. Kotz）の「合衆国における大企業の銀行支配」(*Bank Control of Large Corporations in the United States*, 1978) によると，支配を，

(1)　金融支配（financial control）
(2)　所有者支配（owner control）
(3)　多様な支配（miscellaneous control）
(4)　不明確な支配（no identified center of control）

の4つの基本的カテゴリーに分け，(1), (2)をさらに完全支配，部分的支配に分け，(4)のなかに金融支配または所有者支配が確認できないケースおよび，いわゆる経営者支配を含むとしている。

こうした論議をフォローしてみると，経営と支配との関係をより明確にすることの必要性を痛感する。たとえば経営は活動（activity）であるのに対し，支配は力（power）であって，支配は経営（活動）に影響を与える力だと考えられる。かりにそうだとすれば，経営活動に影響力を行使する形態として，前記のような類型が考えられることになろう。[5]

（注）
(1) 株式会社における所有と経営の分離に関する調査・研究の主なものとしては，わが国では増地庸治郎『株式会社』（1937年），占部都美『経営形態論』（1957年），三戸公・正木久司・晴山英夫『大企業における所有と支配』（1973年），三戸浩『日本大企業の所有構造』（1983年）などがある。
(2) 「ヴァーモント州が株主であることを取締役の資格要件としているのを除けば，他のすべての州においては，基本定款または附属定款に別段の定めがないかぎり，株式所有は取締役の資格要件とはされていない」長浜洋一『アメリカ会社法概説』76～77ページ。
(3) 藻利重隆「企業の経営者支配と資本主義体制——プロスの所論を中心として」一橋論叢，59巻6号，21ページ以下。
　　なお，河本一郎『現代会社法』において，著者は上記藻利教授の論文を引用しつつ，商法学の立場から，適切にも次のように述べている——「経営者支配論から，商法学がくみとるべき教訓は，法が本来，予想していた種々のコントロール機関の無機能化という現実のもとで，支配的経営者の行動をうまくコントロールするための手段を，現行法の解釈を通じて作り出していくことに最大の目標を設定しなければならないということであろう」（前掲書，19ページ）。
　　このことは藻利教授が示唆しているように，経営学の立場からも共通の課題であり，経営組織のなかに企業ないし経営者の社会的責任をどのように位置づけるかという問題として受けとめるべきであろう。
　　近年，この問題をめぐって会社は誰のものか，会社の統治構造はいかにあるべきかという問題がコーポレイト・ガバナンス（Corporate Governance——会社統治論）として論議され研究されている。
(4) 菊池敏夫「米国企業の資金調達と商業銀行」証券経済学会年報，1978年。
(5) 日本の企業と金融機関との関係については，主たる取引銀行（主力銀行）が特定企業の大株主となり，融資，預金受入れを中心とする金融サービスを行い，また役員派遣などを通じて主力銀行と企業とが密接な関係を形成しており，このような関係をメインバンク・システムと呼んでいる。

第3節　企業の所有構造と経営権

1　持株比率の問題

　企業が株式の発行によって資本を調達するとき，その資本を供給するのはいうまでもなく株主であるが，この株主がどのような投資家層から構成されているか，また株主の持株比率がどのような比重を示しているか，といった問題が，企業の経営権の安定性や資本調達の難易に影響を与える。とりわけＴＯＢ (take over bid) などにより企業の株式取得を通じて経営権を獲得することも可能であるために，株式資本の充実とともに株式が安定株主層に保有されているか，その持株比率はどうかという問題は，企業の存立に重大な意味をもつ。

　ＴＯＢは，わが国では「有価証券の公開買付け」と呼んでいる。これは証券取引所外において，不特定かつ多数の者に対して，特定の有価証券についてその買付けの申込み，または，売付けの申込みの勧誘をすることをいい（証取法27条の2，1項），具体的にはＢ社の株式を買占めて経営権を乗っ取ろうとするＡ社が，新聞などによる公告でＢ社の株主に訴え，時価より高い株価でＢ社の株式を買取る旨勧誘して，これを買集め，Ａ社がＢ社の経営権を握ることをさしている(1)。

　株式会社の経営権の維持・確保という観点からすると，持株比率の形式的変化が，経営に及ぼす影響は，わが国会社法に従えば，次の4段階に分けられる。

(1)　持株比率が3分の1以上になると，会社法（309条2項）にいう特別決議事項に関する拒否権を得ることとなる。

(2)　持株比率が50％を超える場合は，通常の経営については，いちおう主導権をもつ。

(3)　持株比率が3分の2以上になると，通常の経営はもちろんのこと，重要な経営問題に関しても，支配権を保有することになる。第1段階に述べた特別決議事項に関しても，主導権をもって決定し得る。

　　特別決議事項の主なものとしては，次のとおりである。

定款の変更，事業の譲渡等および解散，株式の併合，資本の減少，合併契約書の承認などが含まれている。

(4) 持株比率が100％ということは，経営のいっさいについて，完全な支配権を持っていることを示す。

ただし経営支配権は，必ずしも持株比率の限度に限定されるものでないことは，広くみられるところである。すなわち，既発行株式の所有形態が，大衆に広く分散している場合，筆頭もしくは上位大口株主の比率が何％であるか，会社，銀行など大口株主の状態，特定の家族などによって所有されているかどうか，さらに従業員にどの程度所有されているかなどの諸事情の総合的な関係によって，経営支配的持株比率のラインが決まってくるものと考えられる。

株式会社は，その制度の本質からみて，相当数の株主が存在するのがふつうである。そして，個人であれ法人であれ，特定ないしは少数の限られた株主によって所有されているよりも，広く多くの株主に，その株式が分散所有されているほうが，企業に安定性があるといわれている。個人でも企業支配を目的として株式を所有する者もあるが，一般には純投資目的で株主となるもので，経営参加，企業支配にもとづくものは少ない。ことに経営と所有が分離しつつある現在は，その傾向がいっそう強い。個人以外の株主は，金融機関，投資信託，その他の投資家，事業会社などに大別されるが，これらのうち銀行，保険，事業会社のグループと，投資信託，年金などには，株式所有の目的意識に大きな差がある。後者の場合は多くの個人投資家と同様，配当または株価の値上りを考えての純投資である。銀行，信託，保険などの場合の多くは資金供給と結びつき，その債権の確保または自己の系列下におくことによって得られる有形無形の利益を目的としている。

また事業会社については，親子関係，事業系列，販売強化，人事交流などの関係から，株主となる場合が多い。

このようにみると，経営権の維持・確保という観点からすれば，株式の大衆分散がもっとも乗っ取りやすく，ついで銀行など大口株主が乗っ取り的買収に応じやすいとみられる。これに反して，特定家族などによって保有されている

もの，関係会社の親会社の持株，従業員の持株などは安定株主として乗っ取りがむずかしいと考えられる。

2　安定株主政策の効果と限界

企業の資本調達方式としての株式発行は，その株式をだれが，どれだけ保有するかによって，企業の所有権に関連するから，企業の立場からすれば単に株式によって必要資本を調達すればよいというものではなく，株式が安定的な所有構造を維持しているかどうかが検討されなくてはならない。個別企業の立場から，こうした株式所有の構造を安定株主政策として推進するためにとり得る施策には，いろいろな方法，考え方があり得るが，その主要なものには次の方法がある。

(1) 株式の譲渡制限

1966年の法改正（旧商法）によって，会社の株式の譲渡制限を認め，定款によって株式譲渡につき，取締役会の承認を要する旨を定めることができることになっていた。

会社法でも株式の譲渡について，定款を変更して規定するには，総株主の半数以上，発行済株式の総数の3分の2以上の多数をもって，決議しなくてはならないことになっている（会社法309条3項）。

従来は株式自由譲渡性の原則が規定されていたものが，定款の定めでその譲渡制限を規定することができることになったわけである。しかしこの定款の定めをするにはかなり厳重な条件が設けられている。すなわち総株主の過半数の人数が必要で，そのうえ総株数の3分の2以上の持株が集らなければその決議を行うことができないことになっている。これでは実際問題として大企業は決議不可能であろうが，中小企業においては可能であろう。

なお会社法では発行株式の全部にわたり，譲渡による取得について会社の承認を要する旨の規定を定款に設けた会社を，株式会社形態として中小企業が選択できるようになっている。しかし，株式会社は株式の譲渡自由の原則をベースにした会社形態であり，発行株式の全部について譲渡制限の規定を定款に設

けた会社は本来の株式会社とは性格を異にするものであるが、株式会社の選択によって中小企業の事業主が経営支配権をおびやかされないようにする措置としては有効であろう。

(2) 関係法人の株式所有

　安定株主として金融機関、関係事業会社に株式を保有させるという方法がある。金融機関のなかでも銀行、保険などの場合は、すでに述べたとおり資金供給と結びつき、債権確保、系列目的などから株式を保有するが、しかし銀行は資金需要から短期流動性を考慮しなければならず、独禁法の株式保有制限もあるから、けっして無条件に安定株主とはいいがたい。また信託、投資信託、年金基金の場合は株式保有の動機が明らかに配当、株価値上りにあるから、株式の長期保有が期待されるという保証はない。株式市場の変動はこれらの機関投資家の株式の売買活動を活発化することは当然である[2]。また安定株主政策として会社が関係会社、取引関係にある会社などに株式を保有させるという方法がとられる。いずれにしてもこうした関係法人の株式所有は、一般の個人投資家の株式保有に比較すれば、その保有期間は相対的に長期的であると考えられるが、しかしそれは株式保有が収益性、流動性の低下要因とならない範囲で安定株主であるというにすぎない。

(3) 従業員持株制度

　安定株主政策の1つとして従業員持株制度がある。この方式は従業員が株主であれば、その持株を手放すことは少ないという前提に立っている。まして株式の買入れ費用の一部負担や額面割当てなどで従業員に持たせる場合は、「一定期間は売ってはならない」とか「売る場合は会社の許可を求める」などの条件がつけられる。これによって浮動株を買い集められて、会社の支配権を奪われるなどの事態を未然に防ぐことができる。いずれにしても、安定株主政策という積極的な意味合いを持たされた従業員持株制度は、企業内部からの要請で、ふたたび存在理由が評価されはじめたことはたしかである。従業員が株主なら、企業への帰属意識からいっても、乗っ取りには経営者同様積極的な防衛意識を持つという期待が、この制度の前提になっている。

第2章　株式会社の構造

　ただし，こうした株主安定政策によってのみ，企業の経営権が維持され，経営の安定性が確立されると考えることはできない。まず第1に，株式は収益証券であり企業の収益性が配当および株価に反映するから，企業の収益力が低下し，配当率の低下と株価の低落が明らかとなれば，安定株主自体の収益性と資産の維持のために保有株式の再検討をせまられることは明らかであろう。第2に，金融機関の保有株式については，特に金融機関自体の当面する資金需要の量的変動と，流動性維持の必要度が株式保有期間の長期化を阻止する要因となることである。以上のような意味からむしろ従業員は自社株にたいして，もっとも安定性の高い株主と考えられ，ドイツおよびアメリカに例のある勤労者の財産形成手段という面からも重視されてくるものと考えられる。[3]

(注)
(1) TOBの目的について，イギリスでは，1）企業の急激な成長への期待，2）多角化による事業分野の補完関係の確立，3）有能な経営者による資産の有効利用，4）課税対策などが挙げられている―― Sir Anthony Burney, *Take ― Overs ; Aims and Objectives*（*Mergers, Take Overs and The Structure of Industry*, 1973）pp. 13～15.
(2) アメリカにおける所有の機関化については，企業年金基金による株式の規模に着目して，ドラッカー（P. Drucker）はその著『見えざる革命』（*Unseen Revolution*）のなかでこう述べている。
　「今後10年を考えると，年金基金はその株式所有をさらに伸ばし，1985年あるいはそれ以前において，全産業の発行株式の5割以上を所有することになるにちがいない。しかもその後の10年においては，つまり21世紀にはまだ間のあるうちに，全産業の発行株式の3分の2，および他人資本のおそらく4割前後を所有するようになる……」（op. cit., pp. 1～2，邦訳2ページ）。
　ドラッカーによると，アメリカは企業年金制度を通じて被傭者が資本を所有し，生産手段の所有者となるという意味において年金社会主義（pension fund socialism）であると規定しているが，企業年金に加入した従業員が直接，株式の取得または売却の決定権をもつわけではなく，年金基金の資産運用は，自己管理の年金基金以外はその基金が設定されている生保または信託銀行によって行われるのであるから，年金を通じて被傭者が生産手段を所有するという表現には，多くの限定をつけなければならない。
(3) わが国における企業の所有構造を特徴づける事実としては，第1に，さきに述べたとおり，企業および金融機関等の法人による企業所有が顕著な傾向を示して

第3節　企業の所有構造と経営権

いることであり，それは法人資本主義ともいうべき所有構造である。第2に，わが国の上場企業のなかには，これに加えて大株主順位の上位に従業員持株会が入っている企業が相当数ある。

　わが国で1991年度において従業員持株制度を実施している上場企業の数は，1,980社に達しており，全上場企業数（2,106社）の94.0％となっている。上場企業の5社に4社は従業員持株制度を実施しているわけで，その普及ぶりはめざましい。従業員持株会の所有株数は，全上場株式数の1.0％を占めている（東京証券取引所『東証要覧』）。

　なお従業員持株制度は，アメリカにおいてはＥＳＯＰ（Employee Stock Ownership Plan）とよばれて1980年代に急速に普及をみており，またＥＵにおいても，従業員持株制度の普及がみられ，さらに，ロシア・東欧諸国の企業の民有化過程においても従業員持株が重要な役割を果たしており，多くの国の企業の所有構造の共通の特徴を示すものと考えられる（菊池敏夫，企業の所有権構造変化の新局面——欧米企業の従業員所有参加の検討——「経営行動」第7巻第3号，1992年10月，参照）。

第4節　株式会社の機関

1　株主総会

　会社法では,「株式会社は,定款の定めによって取締役会,会計参与,監査役,監査役会,会計監査人,又は委員会を置くことができる」(会社法326条2項) と会社の機関について規定している。ここでは「置くことができる」のであって,株式会社に置かなければならない絶対的な必要機関は株主総会と取締役のみである。株主総会は,株主を構成員とする合議制の機関である。その決議事項は,法律または定款に定める事項に限定されているが,それは取締役を拘束する。株主総会では取締役および監査役を選任し,また解任する権限を有しているから,その意味で株主総会は株式会社における最高の意思決定機関である。

　株式会社にあっては,その株主総会における株主の意思決定は,さらに取締役会および代表取締役を通じて業務執行にうつされていくのであって,株主は会社の業務執行にたいしては,間接的関係にある。しかも,いわゆる出資と経営の分離について述べたとおり,株式会社においては株主の数は通常多数にのぼっており,公開会社では株式の売買,譲渡は自由になっているので,株主は自由にいつでも出資者としての地位を退くことができ,出資者として継続的に会社にとどまることを要しない。一般の株主はたんなる投資物として株式を取得し,利益配当と株式相場以外に関心をもたないため,株主総会には無関心で,総会に出席する株主は少なく,いわゆる委任状出席が多い[1]。

2　取締役および取締役会

　会社法は,株式会社には1人または2人以上の取締役を置かなければならないと定めている。ただし,会社法によると次の株式会社は取締役会を置かなければならないと定めている（会社法327条1項）—①公開会社,②監査役設置会社,③委員会設置会社。なおこれらの取締役会設置会社では取締役は3人以上

第4節　株式会社の機関

であることを要する（会社法331条4項）と規定されている。取締役は，定期または臨時に開催される取締役会に出席して，会社の業務執行にかんする意思決定を行い，代表取締役を選任しなければならない。取締役会の権限の重要なものは会社法で個別的にこれを規定している。すなわち，支配人の選任および解任，代表取締役の選任，などのほか重要なものとして，取締役の職務の執行が法令及び定款に適合することを確保するための体制（内部統制システム）の確立に関する法定などがこれである。

取締役会を構成する取締役の資格としては，必ずしも株主であることを要せず，だれでも適材であれば取締役になれるのであって，商法ではむしろ，株主から選任するという定款の規定を設けることを禁止している。このために大株式会社になってその株式が多くの株主に分散されるにつれて，専門経営者としての取締役がますます多くなってくる。

現代のあらゆる組織体は，社会的必要性を予知して意思決定を行わねばならなくなってきた。会社組織においては，業務執行に関する意思決定機関は取締役会であるから，それは社会的必要性を予知し，組織体に対するインパクトをふくむさまざまな社会的変化に適応した意思決定が可能となるような構成を持っていなければならない。ところで取締役会の現状は，こうした要請にこたえうるものかどうかについては，多くの問題があった。

というのは，株式会社組織における取締役会の地位や機能については，そのような社会的必要性に対応する以前に，その本来的な役割からみても，実情は必ずしも満足すべき状態ではないという批判があるからだ。

取締役会に対しての批判の1つとして，ドラッカーは，次のように述べている。

「取締役会は，何も知らされず，影響力ももたず，出世の意欲も失なった著名な人物を入れておく，単なる陳列棚になっていることもある。さらにまた，小会社に典型にみられるように，取締役会が，家族や同族の会合の別名にすぎなくなっていることもある」（『現代の経営』現代経営研訳　259ページ）。

これは，手きびしい批判だが，ドラッカーは，アメリカの取締役会が，色あ

せて影のうすい擬制的存在にすぎなくなっており，大会社のほとんどにおいては，取締役会は事業の経営において全く無力な存在となっていることを指摘している。こうした批判に対して，サムエルソンは取締役会の現状をこう評価している。

「典型的に，支配的な人物は，株式会社の取締役会の議長——時折り『最高業務執行社』(またはCEO)と呼ばれる——である。しかしながら法的には，株式会社はその取締役会によって運営されるのであって，これは，内部者だけでなく，有識者である外部者——しばしばなにがしかの信望のある人——を含めたグループである。全体として，大部分の取締役会のする仕事が，単に，会社の実務役員がすでに決めたことを承認するためのめくら判の役でしかないと言ったとすれば，それは言いすぎであろう。しかし，経営陣が取締役会の信頼を得ているかぎり，後者は通常，特定の政策を押しつけるような積極的な介入はしないというのが実情である」(『経済学』第13版・都留重人訳　上，476ページ)。

わが国の大企業における取締役会の実情についての調査によると，調査回答企業264社（上場会社）の中，取締役会の人数は11～15人が100社と最も多く，回答企業の37.9％を占める。回答企業264社の中，社外取締役の人数については，55社（20.8％）が1人と回答しており，2人と回答した企業は38社（14.4％），3人は14社（5.3％），以下4人が7社（2.7％），5人が2社（0.8％）であり，回答企業の54.2％では社外取締役は皆無であって，社外取締役は人数も極めて少ないが回答企業のほぼ45％の企業において導入されている（『経営諸制度再構築の方向と課題』日本大学経済学部産業経営研究所，1992.3，3～15ページ）。

こうした実情からみて，1つの問題は，社外重役をもつ会社が，まだ全体の半数にも達していないこと，社外重役をもつ会社においても，その人数が比較的少人数にとどまっていることであろう。会社組織における社外重役制度については，これまでにいろいろな意見が存在している。外部重役が，業務執行の内容については経験も知識も浅いので業務執行上の意思決定に加わることは不適当であるという意見や，また，外部重役の発言は比較的無責任に行われやすいこと，外部重役が多くなると，内部社員の昇進機会が少なくなり，モラール

(morale) の低下を伴うこと，などがしばしば指摘されてきた。

　もちろん社外重役について，これらの問題や欠陥を認めなくてはならないが，しかしまた，取締役会は，会社の行う個別的な業務活動から離れて，会社を1つの全体として眺めなければならない立場におかれていることも忘れてはなるまい。内部取締役は，その性質上，個別的な業務活動に密着して思考しがちであり，また，このことが会社の運営にとって必要であることは否定できない。

　これに対して，会社が直面する企業の外部からの，さまざまな挑戦に対する適応という点からみると，会社業務の細部から離れているがゆえに，会社を全体的にとらえ，企業の将来にとって，適切な意見をもつことができるという社外重役制度の存在意義があり，これの過少評価はできない。

　取締役会の形式的運営，その有名無実化に対する批判が提起される一方では，会社組織における実質的な意思決定権はテクノストラクチュア（techno-structure）に移行しているという指摘がなされている。

　「ほとんどすべての権力の行使，すなわち，着想，開発の性格の決定，拒絶あるいは同意などということは，会社全体の奥深いところで行われる。決定を下すのは経営者ではない。実際に決定する力は，技術職員，計画担当員ならびにその他の専門化した職員のなかに深く宿っているのである。……組織のなかで高い公の地位をもつ人びと，たとえば，ＧＭとかＧＥの社長が，大事な決定についてほどほどにしか権力を行使しないのは，以上のような決定が，次第に組織のなかで行われる傾向が生じていること，ならびにかかる集団の自治権を保護する必要があることにもとづくものである」（ガルブレイス『新しい産業国家』邦訳88～9ページ）。

　テクノストラクチュアが会社業務についての実質的な意思決定を行う傾向にあるとすれば，取締役会の当面している問題は，何であろうか。

　それは，全体的な立場から意思決定を行うと同時に，社長やテクノストラクチュアの考え方や行動に対して，むしろ広い社会的視野から，一般的，原則的な問題提起をしていくことであろう。ドイツの共同決定法および経営組織法にもとづく経営参加制度や，イギリスの経営者ゴイダーの提唱する地域社会，消

費者,従業員を,利益代表取締役として意思決定に参加させる提案など,ここであらためて紹介するまでもないが,アメリカの大企業が女性や少数民族の代表とみられる人びとを取締役に迎えている例や,フィリップス社のトロンプ副社長の,国際企業は本社の取締役の国際化すべきであるという提案など,取締役会の構成やその役割には,多くの検討を要する問題が提起されている。

会社が受けている環境問題や欠陥商品をめぐる社会的挑戦の性質は,会社の行う意思決定が,社会的に孤立したかたちで行われていることに対する批判という意味をもっており,また企業の行動をトップ・マネジメントの段階において,広い視野から監査する必要を示すものにほかならない。

形式化した取締役会の再生を図るには,取締役会がこのような要請と任務をうけいれ,その機能と構成を革新する動きがある。(2)

経営者層の構成変化

ハーヴァード・ビジネス・スクールのヘイズ＝アバーナシイ両教授は,アメリカ企業の生産性と競争力が低下してきた背景には,アメリカ企業のトップ層の構成が変化しつつあることに起因しているとして興味ぶかい分析をこころみている。まず全米最大100社の社長に就任した経営者たちのキャリアおよび専門分野を調べてみると,1950年代の中頃から社長のなかでも財務および法務を専門とする社長の比重が増大してきたという事実が指摘されている。それは生産または技術に関連するキャリアや専門をもつ社長の比重が低下して,生産や技術に経験のない社長が増えてきたことを意味している。財務と法務関係の経験を基礎とするトップの増加は,特定の産業または特定の生産技術のなかに専門領域をもたない経営者がふえてきたことを意味し,このことが研究開発に積極的にとりくむよりも,むしろ合併等による資産の増加を追求する経営行動を選択しがちとなる。企業を存立せしめている製品,技術,市場からはなれて,それらと無関係に企業の財務や組織のみをあつかおうとする態度や傾向は,実践的にも理論的にも反省をせまられているように思われてならない。

ところで,経営者論および経営者の国際比較に関しては,ハービソン＝マイヤーズの研究,マーベル・ニューカマー女史の経営者研究のほかに,グラニックの「ヨーロッパの経営者」,「ソ連の経営者」などがあり,経営者の出身階級・社会的背景,専門分野などの比較分析が行われているが,この分野も現代企業研究のとりわけ比較研究の領域において軽視しえない研究領域である。

3 監査役

　旧商法では株式会社には監査の機関として少なくとも1名の監査役をおくことになっていた。株主総会は株式会社の最高意思を決定する機関であるが，常設的なものではないために，会社の会計および業務の監査をすることができない。そのため常設の監査機関として監査役が設けられている。

　監査役は株主総会で選任され，株主の意を体して会社の会計監査および業務監査を行い，取締役の職務の遂行が適法に行われているかを監査する権限を有している。そしてその監査結果を監査報告書に作成し，株主総会で報告し，状況によっては，取締役の業務の差止請求を行うこともありうる。監査役の権限は強化されており，監査役は取締役の職務の執行を監査するものとなり，従来から有していた会計監査の権限に加えて，業務監査の権限をも与えられている。

　会社法によると監査役は取締役の職務の執行を監査する権限を有し，企業規模を問わずすべての監査役は原則として業務監査権限および会計監査権限を有することになっている。また会社法では監査役の設置を義務づけている会社と，設置しない会社を規定している。

　まず公開会社，監査役設置会社では監査役を置かなければならず，また大会社（資本金5億円以上，負債額200億円以上）においては公開会社でなくても監査役を設置しなければならないことになっている。一方，委員会設置会社には，監査役は置いてはならないことになっている。これは委員会設置会社では監査委員会が監査役の機能を果すことが定められているからである。

　また公開会社でない株式会社，すなわち持分譲渡について制限のある会社の場合は，監査制度については，株式会社が一般に置くことができる会計参与（任意機関，職務は取締役と共同して計算書類を作成すること）を置いて利用できることになっている。監査役制度が実効性をもつか否かは，新監査役制度に対応して経営組織内に監査役室，監査部，監査室等の強力なスタッフを擁する部門が編成されるかどうかにかかっている。一部の企業では，監査役制度の法改正に対応して，監査役室のスタッフを増員し，会計監査・業務監査に加えて環境監査をも担当することを決定している。

35

第2章　株式会社の構造

第1表　株主総会の

年月\回答	5分以下	10分以下	15分以下	20分以下	25分以下	30分以下	35分以下	40分以下	45分以下	50分以下
平成8年7月	-	-	1 (25.0)	-	-	2 (50.0)	1 (25.0)	-	-	-
8月	-	-	-	5 (29.4)	5 (29.4)	3 (17.6)	1 (5.9)	2 (11.8)	1 (5.9)	-
9月	-	-	-	2 (20.0)	3 (30.0)	1 (10.0)	-	2 (20.0)	-	1 (10.0)
10月	-	-	1 (25.0)	2 (50.0)	-	1 (25.0)	-	-	-	-
11月	-	-	-	2 (28.6)	1 (14.3)	2 (28.6)	1 (14.3)	-	1 (14.3)	-
12月	-	-	2 (5.7)	10 (28.6)	15 (42.9)	3 (8.6)	3 (8.6)	-	-	-
平成9年1月	-	-	-	3 (15.8)	5 (26.3)	5 (26.3)	1 (5.3)	3 (15.8)	1 (5.3)	-
2月	-	-	1 (1.8)	10 (17.9)	28 (50.0)	11 (19.6)	3 (5.4)	1 (1.8)	-	1 (1.8)
3月	-	-	1 (0.7)	29 (20.1)	49 (34.0)	33 (22.9)	14 (9.7)	2 (1.4)	2 (1.4)	2 (1.4)
4月	-	-	-	8 (28.6)	9 (32.1)	5 (17.9)	2 (7.1)	1 (3.6)	-	-
5月	-	-	2 (1.9)	21 (19.4)	36 (33.3)	20 (18.5)	8 (7.4)	3 (2.8)	4 (3.7)	2 (1.9)
6月	-	-	30 (1.6)	325 (16.9)	690 (35.8)	401 (20.8)	202 (10.5)	91 (4.7)	41 (2.1)	33 (1.7)
計	-	-	38 (1.6)	417 (17.7)	841 (35.7)	487 (20.6)	236 (10.0)	105 (4.5)	50 (2.1)	39 (1.7)

（出所）「商事法務」（株主総会白書）商事法務研究会，1997年11月30日号，108～109ページ。

（注）
(1) 株主総会が有名無実化していることについて，株主総会に関する最近の調査によると，回答会社（上場会社）2,359社のうちほぼ85％の会社が，株主総会を35分以内の時間で終了している。これをドイツの株主総会の所要時間と対比すると興味深い。
(2) 取締役会の機能と構成の改革に関する新しい試みとして，次の事実と提案に注目すべきである。
1) ＧＥ社においては，取締役会の内部に，公認会計士と直接的な関係をもつ監査・財務委員会（Audit and Finance Committee）のほか，経営活動委員会（Operations Committee），技術・科学委員会（Technology and Science Committee）および公共問題委員会（Public Issues Committee）などを組織し，これらの委員会はすべて，外部取締役（outside directors）が議長となり，外部取締役は2つの委員会に関係することになっている。各委員会は，

第4節　株式会社の機関

所要時間

55分以下	60分以下	90分以下	120分以下	150分以下	180分以下	210分以下	240分以下	330分以下	330分超	計
—	—	—	—	—	—	—	—	—	—	4
										(100)
—	—	—	—	—	—	—	—	—	—	17
										(100)
—	—	1	—	—	—	—	—	—	—	10
		(10.0)								(100)
—	—	—	—	—	—	—	—	—	—	4
										(100)
—	—	—	—	—	—	—	—	—	—	7
										(100)
1	—	1	—	—	—	—	—	—	—	35
(2.9)		(2.9)								(100)
—	—	1	—	—	—	—	—	—	—	19
		(5.3)								(100)
—	—	—	—	1	—	—	—	—	—	56
				(1.8)						(100)
3	—	6	2	1	—	—	—	—	—	144
(2.1)		(4.2)	(1.4)	(0.7)						(100)
2	—	1	—	—	—	—	—	—	—	28
(7.1)		(3.6)								(100)
—	1	7	2	1	—	—	—	1	—	108
	(0.9)	(6.5)	(1.9)	(0.9)				(0.9)		(100)
23	11	44	19	8	7	2	—	—	—	1,927
(1.2)	(0.6)	(2.3)	(1.0)	(0.4)	(0.4)	(0.1)				(100)
29	12	61	23	11	7	2	—	1	—	2,359
(1.2)	(0.5)	(2.6)	(1.0)	(0.5)	(0.3)	(0.1)		(0.0)		(100)

経営者の人事に関与し，本社部門の管理者および事業部長と直接接触したり，また工場視察，調査，情報収集等の機会をもっている。これは外部取締役の機能を活用した試みとして注目される—— Robert, M. Estes, "Outside Directors ; more vulnerable than ever" (*Harvard Business Review*. 1973. Jan - Feb) pp.107〜114.

2) カリフォルニア大学のニール・ジャコビイ（Neil Jacoby）教授は，アメリカの取締役会に内在する問題点として，社会的視野が狭いこと，内部経営者による支配，金融機関との利害の対立をあげ取締役会の改革案を提言しているが，そのなかには次の諸点がふくまれている。①取締役会構成員の過半数を社外取締役とするよう法律で定める，②すべての取締役会に取締役会候補指名委員会，経営・財務監査委員会，公共問題委員会を設置し，これらの委員会の過半数を社外取締役とするよう法律で定める，③金融機関から派遣される取締役数を，

取締役定数の1割以下または3名以下のいずれか少ない数に制限するよう法律で定める，④すべての取締役は株主であることを要する旨法律で定める，⑤社外取締役の報酬の引上げ，⑥取締役の選任について累積投票制度を法律で定める。かれは，これを定めた合衆国統一会社法の制定が必要であることも主張しており，これらの提案は，わが国の会社制度の将来を考える場合に，参考となる——Neil Jacoby, *Corporate Power and Social Responsibility*, 1973, p. 170（邦訳．ニール・ジャコビイ『自由企業と社会』266～268ページ）。

3) 取締役会への批判に対応するために各国ではコーポレート・ガバナンス（企業統治）の改革が進められておりイギリスおよびアメリカの企業統治改革の特徴の一つは取締役会の構成に焦点があてられ，とりわけ社外取締役の役割に大きな期待がよせられていることである。わが国の委員会設置会社（指名委員会，監査委員会，報酬委員会を置く株式会社）では，各委員会は委員3名以上であること，委員は取締役の中から取締役会によって選任され，各委員会の過半数は社外取締役であることなどが規定されている。しかしエンロン事件にみられるように社外取締役が大半を占める取締役会が機能していなかったという問題があることにも注意したい。

第3章　公企業の形態

第1節　公企業の諸形態

1　経営形態と出資構成

　公企業が，私企業と本質的に区別される点は，公企業では国または地方自治体のような公共団体が出資者となっていることである。しかし，公企業といわれるもののなかには，行政官庁の一部として運営され，法人体として独立性を持たないものと，行政官庁から独立した企業体として設立され，運営されているものがあり，したがって公企業形態分類の第1の基準は，国または地方自治体から独立した法人体として組織されているかどうかという点に求められる。

　行政企業は，企業が行政官庁の一部分として組織されており，したがって，経営は政府大臣または地方自治体の長の直接指揮のもとに行われるから，所有と経営とが一致している。これには，郵政省，大蔵省印刷局・造幣局，「地方公営企業法」による水道事業などがある（郵政省の郵便事業は2001年の省庁再編により郵政事業庁に改組，2003年に郵政公社となる。また大蔵省印刷局の紙幣，政府刊行物の印刷事業，および大蔵省造幣局の硬貨の鋳造等の事業は，いずれも2003年に独立行政法人になる）。

　これに対して法人体企業は，行政企業と異なり，法人体として独立し，経営の自主性が与えられている公企業で，所有と経営は必ずしも一致していない。

$$\text{公企業}\begin{cases}\text{行政企業}\\ \text{法人体企業}\end{cases}$$

　公企業に対して公私合同企業においてはそれが法人体として組織され経営される場合，株式会社の形態をとることがある。それは株式会社であるから，資

本金は株式に分割され株式会社の法的組織をととのえてはいるが，その役員は取締役とよばれることもあるが，総裁・理事・監事の名称を用いる場合がありしかも政府がその任免権を持つことによって，その支配下におく点で，さらに事業活動が特別法によって制限されている点で，一般の株式会社とは異なっている。

非会社形態をとる公企業および公私合同企業は，法人体をとりながら会社形態ではなく，公共企業体（旧3公社）・公団・公庫・金庫・営団・事業団などの名称をもちいて，特別法によって設立・運営されているものである。

公企業を経営形態から分類したが，ここで改めて公企業と公私合同企業との出資者の構成から両者を対比してみよう。公企業は，企業体の原資ないし資本金が政府または地方自治体などの公共団体から全額出資されているものであるが，公私合同企業は，資本金が政府と民間の混合出資によって設立されている企業である。

政府の全額出資によって設立された公企業には，公団・公庫・旧日本開発銀行（日本開発銀行と北海道東北開発公庫の合併により1999年日本政策投資銀行が発足している）・旧日本輸出入銀行（日本輸出入銀行と海外経済協力基金の合併により1999年国際協力銀行が発足している）・事業団などがある。

政府・民間の混合出資によって設立されている公私合同企業には，株式会社形態をとるものと，金庫・日本銀行のように会社形態をとらないものとがある。

日本銀行は政府・民間混合出資による公私合同企業であり，日本銀行法第5条の規定によって，資本金は1億円で，政府出資分は5,500万円，民間出資分4,500万円となっている。日銀は株式会社ではないが，出資証券が流通しているので，株式会社のように考えられやすい。

2　公企業における最高経営者

公企業の管理組織についてみると，かつて公企業であった旧国鉄・旧電電公社・旧専売公社には，それぞれ独自の最高管理機関として合議制の「経営委員会」が設置されており，予算・決算・事業計画・資金計画・債券発行などの重

要事項について，経営委員会の議決を必要とすることになっていた。その委員は，両議院の同意を得て政府が任命する。業務執行機関としては，総裁・副総裁・理事がおかれ，総裁・副総裁は経営委員会の同意を得て内閣によって任命されることになっていた。

政府の全額出資によって設立される公企業として，公団・公庫・日本政策投資銀行（旧日本開発銀行と旧北海道東北開発公庫が合体して1999年に発足）・国際協力銀行（旧日本輸出入銀行と海外協力基金の合体により1999年に発足）の場合も，独自の経営機関として総裁・副総裁・理事・監事がおかれているが，これらの役員は理事を除いて政府が任命する。事業団の理事長も政府によって任命される。

以上を要約してみると，公企業のなかには，経営者の政府任命制や管理組織について，いくつかの相違点を指摘することができる。第1に，営団・金庫・公団・事業団などは，いずれも最高経営者を政府が直接任命するのに対し，旧公共企業体の場合は経営者の政府任命について国会の同意を必要とし，国会の支配が組織の上に明確に規定されていることである。

第2は，公団・公庫・金庫が総裁の単独責任管理制をとっているのに対し，旧公共企業体や日銀・営団などでは，それぞれ管理組織に政府の任命する「委員会」という独自の機関が設置されていることである。

公企業の役員の選任手続きは，議会の同意を得て内閣が任命する場合，単に主務大臣が任命する場合，あるいは理事会や株主総会の決定を政府が承認する場合など，企業の設立目的・種類・規模・出資などによって若干の差はあるが，いずれも政府が関与することには変わりがない。解任も同様政府権限である。このことは世界各国の公企業について共通にみられるところであり，出資者の立場から政府が，公企業の最高人事を決定することは，出資者の当然の権利であって，これに対しては異論はないであろう。

ただし，出資者であるという理由だけで，政府が公企業の経営活動をその細部にわたってまで統制することは問題がある。企業経営には近代的な高度の専門技術が必要とされるのは当然であり，それゆえ企業の出資者は，その事業にとって真に役立つ経営者を選び，企業の経営についてはその経営者の能力にま

かせるといういき方が必要である。出資者としての利益はその持分資本の減少を防止し，また，その増殖を獲得することによって最善の形で達成されるのであり，そのためには企業経営は極力外部からの拘束・統制は排除し，自主的に経営していくことが望ましい。したがって政府が出資者としてその利益を保護するためには，監査を強力に行うことと，財務諸表を克明に分析，評価することで十分足りるであろう。また会計検査院は，公社についてはその設立法に規定があるが，その他の公企業についても会計検査院法第22条，第23条などに規定がある。ただし，会計検査院の検査については，それが伝統的に国の資金の支出の適法性に対する検査であって，一般行政官庁の支出に対する検査には適していても，独自の企業収入を伴う経営体である公企業の検査には，適当であるかどうかという点には問題がある。

3 公企業における経営目的

公企業がなぜ設立されるか，という問題については，一般的に次の4つの目的が指摘できる。

(1) 経済政策の実施目的
(2) 社会政策の実施目的
(3) 財政収入増加の目的
(4) サービス提供の目的

経済政策の実施目的については，国の公共投資政策・金融政策の実施機関として，たとえその収支がつぐなわなくとも，民間企業・民間企業機関では不可能なため，またそれを補完するため，公的資本によって事業を推進しようとするものである。

社会政策の実施機関としての公企業の典型には，各種の事業団がある（労働福祉事業団・雇用促進事業団等）。

財政収入の増加を目的とした公企業には，タバコのような専売事業がある。このような事業は政府がこれを独占して，民間企業には経営させないようにし，また民間企業が行う場合でもその事業の独占を認め，これによって収益を上げ，

財政収入を得ようとするのが目的である。

　国民の福祉に直接関係のあるサービスを，低廉に提供しようとする公企業としては，交通・通信・上下水道のような事業があげられるが，このような公企業の設立目的は，次のようにそれぞれの特別法に明文化されている。

　「日本放送協会は公共の福祉のために，あまねく日本全国において受信できるように放送を行うことを目的とする」(放送法第7条) と定められ，「地方公営企業は常に企業の経済性を発揮するとともに，その本来の目的である公共の福祉を増進するように運営されなければならない」(地方公営企業法第3条) と規定され，また旧国鉄の場合「公共の福祉を増進することを目的としてここに日本国有鉄道を設立する」(旧日本国有鉄道法第1条) と定められていた。

第3章　公企業の形態

第2節　公企業の経営問題

　公企業は，経営面においていくつかの問題を内包していることは否定できない。たとえばその1つは，国または地方公共団体の予算や法令が，公企業の経営活動を多面的に拘束するから，企業自体としての自由な意思決定の余地が少なく，したがって公企業経営は画一的，固定的となりやすく，私企業のような機動性，ないし変化への適応力がとぼしいことである。

　また，行政機関の会計監査，その他官庁のための報告書式が多くなり，事務が複雑化するというマイナスもあり，さらに根本的な問題として，公企業の多くは一般に収益性を基本原理としていないために，能率の向上が軽視されやすい。したがって今後の課題は，公企業経営の合理化，経営能率の増進をどのような方法によって実現していくかということである。

1　公企業と収益性

　公企業経営の合理化，経営能率の向上という問題に対して，公企業を民間企業と同一のレベルで競争的たらしめようという考え方がある。イギリス政府が1960年4月に発表した「国営産業の財政・経済的義務」(*The Financial and Economic Obligations of the Nationalised Industries*) と題する国営企業の財務内容をあきらかした白書は，国営企業を民間企業と同一水準で扱おうとする意図を示したものとして注目してよい。この白書は，一般にイギリスの戦後の産業国有化以来，もっとも重要な文書とみられているが，国営企業の収益，さらに価格水準も，民間企業と比較されうるものでなければならないことを強調している。これにともなって，設備拡張のための資金の借入れも，それだけ減少することになるから，政府自身の資金調達の必要がその分だけ軽減されることになる。

　公企業は，その公共的性格によって，ある種の特別の義務を負っていることはいうまでもないが，経済的見地を軽視し，採算を度外視することをゆるされ

る社会事業ではないし,そのように考えてはならない,というのが同白書の根本的主張である。

しかし公企業経営の実態をみると,国営企業の収益率は低く,この収益率の低さの理由は,一部分は公共事業の収益が伝統的に低いことによって説明されるが,また他の理由は,国営企業が国家的ならびに非営利的な義務を負っていること,または価格安定に対する考慮によって拘束されていることによるものとされている。

国営企業のこのように極度に低い収益率は,2つの危険をもたらしている。その第1は,経済性を無視した低価格が,過大な需要を刺激し,その結果,生産物ないしサービスの不必要な,浪費的消費を招くということである。第2に,収益性の低いことは,公企業経営における資金の流れを阻害し,事業の拡張のため,大幅な資金借入れを必要ならしめることである。民間企業の自己資本の割合にくらべて,国営企業の借入れ資本に対する依存度がきわめて高く,この借入れによる資本調達は,政府に依存するから,その結果,国営企業は,それ自体としても,また経済全体の立場からも,不健全とみられるところまで国家財政に依存することとなる。同白書は,これに対して国営企業は,将来すくなくとも5年間を1つの期間として,収支のバランスが維持されなければならず,同時に,設備更新のための減価償却と設備拡張のための自己資金の蓄積ができなければならないと述べている。

この白書が提案している問題のなかで,もっとも重要な意味をもつものは,国営企業の価格決定の自由という点である。公企業内部の経営合理化は,できるかぎり促進されなければならないが,それによって収益が確保されないときは,一定の政府の統制のもとで公衆の負担の増加によって,収益を確保することも必要であるとしている。

2 公企業の民営化・民有化

1980年代に入るとともにイギリスにおけるサッチャー政権,アメリカにおけるレーガン政権,あるいはわが国における中曽根政権の誕生に代表されるよう

に，先進諸国において保守主義・自由主義が台頭した。こうした保守主義・自由主義の台頭は「小さな政府」という理念のもとで，政府の役割の見直しを迫るものであった。公企業においては，それはプライビタイゼーション（privatization）という形になって現われてきた。プライビタイゼーションという言葉の意味は，公的部門から民間部門へ所有および経営のコントロールを移すことであるが，この移管をめぐる考え方や方法にはさまざまな問題がよこたわっている。わが国においても公企業を民営化するという動きは，1980年代に活発となり，国鉄・電電公社・専売公社の3公社，日本航空が1985年から87年にかけて民営化された。しかしながら，3公社のいずれもが株式会社形態の特殊法人へと転換されたのであり，日本航空がその政府保有株式が完全に売却された点，さらに商法上の普通の株式会社となった点で大きな違いが存在する。旧専売公社である日本たばこ産業株式会社の株式はまだ公開されておらず，旧国鉄の株式は，ＪＲ東日本が公開されたばかりであり，旧電電公社であるＮＴＴの株式はその多くがなお政府の保有であって，民有化とはいいがたい。1970年代末から1980年代にかけて行われたイギリスの民有・民営化のなかには，ロールス・ロイス，ＢＡ（英国航空），ジャガー，ＢＰ（英国石油）など世界的に著名な事業体が含まれており，これらの経験は資本主義諸国だけでなく，社会主義諸国における民有化においても十分，参考となりうる事例である。民有化にあたって株式を売り出す際，ロールス・ロイスやジャガーの場合などいずれもそれぞれの企業で働いている従業員に株式を割り当てていることなどは注目されてよい。ハンガリーで1988年10月に制定された「会社法」は株式会社を正式に認めたものとなっている。近年，ハンガリーやポーランドよりややおくれてチェコが株式市場の発展にむかって努力しており，上場会社の数も急速に増加する傾向を示している。一方，ロシアの民有化政策の過程では国有企業の株式を買い取る主体として，従業員特株への依存度が高い企業が多い点も注目される。資本主義諸国のみならず，社会主義諸国においてもいまや民有化のより有効な方法が要請されている。こうした問題についての方法や技術を確立することが重要な課題となってきている。

（注）
(1) 公企業経営について，山城章教授は次のように述べている。
　「経営能率を高め，公益性をも確保するために，1）事業を官庁の機構からはずし，独立の法人とすること，2）経営合理性を重視し，採算を考え独立採算を原則とすること，3）国の予算による拘束をできるだけはずし，予算の場合でも，年度打切の原則，款項目節の流用をゆるさないという原則などを反省して，できる限り弾力的な予算とすること，4）経営に従事する者は公務員と考えず，企業・経営における専門の経営者，専門の管理者として活動すること，などが必要である」（山城章『経営学原理』，112ページ）。

第4章 企業集中

第1節 企業集中の意義

　企業集中は，2つ以上の企業が何らかの結合関係を結び，それが市場における競争を制限する性質をおびてくることを意味している。企業の結合関係のなかには，結合した企業の独立性が完全に失われる場合もあれば，結合した各企業の自主性が残されている場合もあり，企業集中の性質を個別企業の独立性および結合関係の強弱という観点から，次の3つの形態に分けることができる。

　第1は，かつての「紳士協定」(gentlemens agreements) や「プール」(pool)，および今日のカルテルのような，企業相互の協約関係にもとづく集中形態である。これは個別企業が相互に法律的独立性を維持しながら一定の協定を結び，この協定事項の範囲内で結合関係をもつ形態であるから，経済的にも各企業に自主性がのこされている。したがって結合が容易である反面，結合そのものは弱い。

　第2は，企業合同の形態であり，それは個別企業が法律的にも，経済的にも独立性を失って，相互に合体して形成される集中形態である。

　第3は，コンツェルン形態である。それは主として金融的方法によって結合される集中形態であり，結合された企業は法律的には独立性をもち，独立した企業として存在するが，経営上，実質的には特定企業の支配下におかれるため，独立性を失うことが多い。

　なおわが国においては，系列化，企業集団化，コンビナート等の用語によって，集中現象の局面を説明する場合が多いが，これらの企業集中の形態には，第1にその結合の基礎が株式保有，金融的援助にあるものと第2に資本関係の結合がなく，またあっても弱く「業務提携」という一種の協約関係を基礎とし

第4章 企業集中

て結合し，原料，製品の相互利用，技術的提携を主とするものとがある。前者はコンツェルン形態の性質をもつが，後者は個別企業の技術的結合という性質をもつ集中形態である。

　企業集中は，現代の経済体制を直接担い，これを構成するものとして現代経済社会における特徴的な現象であるということができる。企業がそれぞれ単独で，相互に自由に競争していた時期から，企業集中の形成された時代へと資本主義が発展してきたといっても，企業相互間の競争が完全に消滅し，排除されたわけではない。むしろ集中によって強力となった企業と残された企業（アウトサイダー）との間の競争，ならびに結合企業相互間の競争，アウトサイダー相互間の競争は，生産部面・流通部面など企業活動のあらゆる分野を通じて存在している。企業集中が進み市場において独占的または競争制限的な効果が発揮されてくると，結合企業は市場において優位性をもち，生産設備は改善され，生産費は低下するが，他面結合企業以外の企業ならびに消費者にたいして，企業集中はさまざまな弊害をもたらし，不利益を及ぼさざるを得ない。このため後述するように，各国では，企業集中に対する規制措置をとっている。

（注）
(1) ここでいう企業集中に関連して，巨視的な観点からみた経済力の集中（economic concentration）という概念がある。これには，1）国民経済全体あるいは広義の産業部門全体において上位の大企業が経済的資源または事業活動を所有または支配する役割を示す「一般集中」（overall concentration）と，2）同一業種，同一製品または同一地域市場において上位の企業が占める経済的資源または事業活動の役割を示す「市場集中」（market concentration）とがある。企業集中が大規模企業間で行われるときは，これら1）および2）の指標に影響する。

第2節　企業集中の形態

1　カルテル
(1) カルテルの性質

　同種または類似の企業が競争の制限，もしくは緩和を目的として市場統制に関する協定を締結することにより，結ばれる企業連合の形態がカルテル（kartell, cartel）である。

　その性質の第1は，カルテル参加各企業の独立性が保持されていることである。そして，この独立性とは法律上のみならず，経済上の独立をも意味する。したがって各企業は協定の範囲内においてのみ，その活動の制限をうけるが協定外の事項についての経済活動はまったく自由である。この意味で，カルテルは企業の「部分的結合」といってよい。

　性質の第2は，カルテルは同種企業または類似企業間の結合であり，同一産業部門の独立企業間の相互契約であるから，カルテルの直接的な価格支配力，市場統制力は，一生産部門または市場に限られることである。

　第3は，カルテルは企業間の「協定」ないしは契約によって生ずる結合関係である。そこで大多数の企業が併存する場合には，企業間の利害関係はきわめて複雑で，協定も困難となる。企業規模がいちじるしく異なる企業間においては，協定によってうける利益は主として小企業側にある。協約条件としては，企業成績が最低の限界企業をも考慮に入れる必要があるからである。

　第4に，カルテルは競争の制限・緩和または排除を目的とするものである。もちろん競争企業が生産ならびに販売上の競争をできるだけさけようとして連合するからといって，カルテル内部における参加企業間の競争が完全に排除されるわけではない。価格が協定されても，利益の増大を求める参加企業間において，各種の非価格競争が行われる。

　このようにみると，カルテルとは，法的にも経済的にも相互に独立性をもっている同種または類似の個別企業がそれぞれの独立性を維持しながら，生産な

らびに売買上の協約による結合関係を形成して，相互の競争を排除・制限し，市場に対して独占的影響を与え，参加各企業の利益を確保しようとする企業結合であるということができる。

(2) カルテルの形態

カルテル参加企業相互間に結ばれる協約の内容は多種多様であり，その結合形態も各様であるが，協定によって制限をうける活動内容に従って，購入・販売などの流通活動を協定し制限する購入カルテル・販売カルテルと，生産活動を協定し制限する生産カルテルに大別することができる。

(a) 流通活動の協定（購入カルテル・販売カルテル）

カルテルの協定が，企業の購入活動にたいする統制である場合には，これを購入カルテルとよび，企業の販売活動にたいする統制である場合には販売カルテルとよぶ。これらの購入カルテル・販売カルテルは，さらにその協定内容によって地域カルテル，価格カルテル，条件カルテル，割当カルテル，共販カルテルなどに分類できる。

地域カルテルは，販売市場の分割に関する協定であり，参加各企業の販売市場を指定し，相互にその地域を侵さないようにする協定である。地域カルテルの形態は，その性格上，国際カルテルとして発展する場合が多い。

価格カルテルは，加盟企業間における販売または購入価格の協定であり，その多くは商品の販売価格を協定することによって，競争による価格低下を防止しようとするものである。

条件カルテルは，価格以外の販売条件もしくは購入条件を統制しようとするもので，たとえば支払期限，運送費，見本等に関する協定がこれにふくまれている。

割当カルテルは，参加各企業に対して販売数量の割当を行うカルテルである。

共販カルテルは，加盟企業とは別個の共同販売機関を設けて加盟企業の全販売をこの機関を通じて行おうとするもので，この機関をシンジケート（Syndicate）という。シンジケートは狭義ではこのような共同販売を行う中央機関をさすが，広義ではこのような共同販売所を有するカルテルそのものを

意味する。

(b) 生産活動の協定（生産カルテル）

以上各種の販売・購入カルテルに対して，生産カルテルは，同種の生産者が，生産活動について協定し，それによって市場に独占的影響を与えようとするものである。販売・購入カルテルが，価格を協定しても，たとえば販売カルテルについてみると，それだけでは価格を押し下げようとする供給の圧力はそのまま残るし，協定が継続されれば，かえって生産を刺激して供給に圧力が加わり，カルテルの存続をおびやかすことになる。そこで供給の圧力を緩和しようとするようになり生産量に関する協定が形成されることとなる。

生産カルテルは，その協定内容によって生産制限カルテル，生産割当カルテル，専門化カルテル，特許利用カルテルなどに分類できる。このうち専門化カルテルは，加盟企業間において，得意とする製品の担当分野をきめ，相互に相手の専門領域を侵さないようにする協定である。また特許利用カルテルは，加盟企業が各自の特許権の交換を行い，製造上の特許技術を利用しあって生産上の利益をおさめるためにする協定である。

このほか，カルテルの形成に国家の強制が介入するかどうかによって強制カルテル，自由カルテルという分類方法があり，またカルテルの領域によって国内，国際カルテルという分類もある。

(3) **日本のカルテルの特徴**

わが国の独占禁止法はその制定当初，カルテルを絶対的に禁止していたが，1953年同法改正によって，不況カルテルおよび合理化カルテルを認可により許可することになった。不況カルテルによって，生産者は不況を克服するために，生産数量，販売数量，または設備の制限などの共同行為を行うことができ，また，合理化カルテルによって，生産者は技術の向上，品質の改善，原価の引下げ，能率の増進，その他企業の合理化を進めるためにとくに必要がある場合には，技術もしくは生産品種の制限，原材料もしくは製品の保管，もしくは運送施設の利用，または副産物，屑，廃物の利用もしくは，購買について共同行為ができることになっている。

第4章　企業集中

　これらの独占禁止法にもとづく認可カルテル（不況カルテル・合理化カルテル）のほかに，「適用除外カルテル」のあることに注目しなければならない。これは，各種の特別法によって，カルテルに関する独禁法の適用を除外する措置がとられているために，各種の業種において結成されているカルテルであり，とくに1950年代および60年代において次のような傾向が指摘できる。

　第1に，1つの特別法が制定されると，それと類似した業種，業態において同じような立法が追随的に制定されるため，適用除外があらゆる産業について拡大しており，そのためカルテルが，ほとんどすべての産業に一般化する傾向を示していることである。

　第2に，これらの特別法によるカルテルにおいては，カルテルの許可が届出制に，また公正取引委員会の同意を要したものがそれとの協議でよいとされる，といったように，カルテル認容の条件がしだいに緩和され，簡略化される傾向がある。

　第3に，カルテルの規約をアウトサイダーに対しても強制し，もしくはカルテルの強制加入を規定したいわゆる強制カルテルを認める傾向がみられる。

　第4に，政府が産業合理化，輸出振興などの産業政策を行う場合に，これらの特別法にもとづくカルテルを基礎とした間接統制を行う場合が多く，その意味では，政府が積極的にカルテルを支持し，その結成を促進する傾向がみられる。

　ところで，こうした特別法にもとづく適用除外カルテルは1965年の1,079件をピークとして徐々に減少し，1991年には195件と史上最低の処理件数となった。また不況カルテルは1989年10月以降，合理化カルテルも1982年1月以降，それぞれ実施されていない。適用除外カルテルをめぐるこのような変化はわが国の産業構造の変化と企業競争力の強化を反映したものである。公正取引委員会は，さらに日米構造協議の場での米国側の撤廃要請や，臨時行政改革推進審議会の必要最低限に減らすべきであるとの提言も勘案しつつ，わが国の産業構造と企業競争力の変化に対応させるため，これら特別法にもとづく適用除外カルテルを原則として廃止し，独禁法の運用を強化する方向を打ち出した。わが

国もいよいよいわゆる「カルテル体質」から脱却する時期に到達したといってよい。

2 企 業 合 同
(1) 企業合同の型

企業の合同（合併）（merger）は，複数の企業が単一の企業に統合することを意味している。企業合同には，さまざまな形態があるが[1]，これらの形態を合同する企業の業種・市場・技術の同質性および異質性を中心にして分類すると，次の5つの型に分類される。

① 水平補完型（horizontal merger）……合併する企業が，同種産業部門に属し，同種の顧客（市場）と同種の生産技術を持っているが，企業規模の拡大および地域・設備・技術などの補完関係，または事業部門の補完関係を確立しようとする場合には，この型の合併が考えられる。

② 垂直統合型（vertical merger）……合併しようとする企業が同一産業部門に属し，それぞれ生産・流通過程の前後段階に位置して，相互に供給者または顧客の関係にある場合で，セメント会社（原料供給）とコンクリート会社（加工）との合併はこの一例である。

③ 市場集中型（market concentric merger）……合併しようとする企業が，相互に異なる生産技術を持ち，しかも共通の市場（顧客）を持つ場合がこれである。子供服メーカーと玩具メーカーとの合併はこの一例である。

④ 技術集中型（technology concentric merger）……合併しようとする企業が市場を異にしているにもかかわらず，同種の生産技術を持つ場合がこれである。子供服メーカーと紳士服メーカーとの合併などはこの一例である。

⑤ コングロマリット型（conglomerate merger）……合併しようとする企業の業種・市場・技術が異なっている場合がこれで，多角化をめざす企業合同ということができる。

第4章　企業集中

　これらの企業合同形態の分類とは別に，わが国の公正取引委員会の用いている分類がある。それは，合併会社の事業の相互関係を中心にみたものである。
　その分類によると①水平合併，②垂直合併（前進的垂直合併，後進的垂直合併），③混合合併（地域拡大的混合合併，商品拡大的混合合併，その他の混合合併）があり，それぞれの型は，次のように説明されている。

　　「水平合併」とは，当事会社が同一の市場において同種の商品または役務を供給している場合の合併をいう。「垂直合併」とは，当事会社が購入者，販売者の関係をもっている場合の合併をいう。垂直合併のうち「前進」とは，存続会社が最終需要者の方向にある会社を合併するときをいい，「後進」とはその反対方向にある会社を合併するときをいう。「混合合併」とは，水平合併，垂直合併以外のすべての通常の合併をいい，うち「地域拡大」とは，同種の商品または役務を異なる市場へ供給している会社間の合併をいう。「商品拡大」とは生産あるいは販売面で機能的に関連しているが直接には競争していない商品または役務の供給をしている会社間の合併をいう。混合合併のうち「その他」とは，事業的関係がない会社間の合併，いわゆる純粋混合合併をいう。「その他合併」とは，組織変更，額面変更等特別の目的のための合併をいう（公正取引委員会事務局『日本の企業集中』63ページより引用）。

(2)　企業合併の効果と限界

　合併によって期待される効果は，企業活動のあらゆる側面について考えられるが，一般的には，生産面におけるコスト節約の効果，販売能力の効果，販売能力の拡大や資金調達力の拡大，多角化の利益などを，その主要なものとして指摘することができよう。しかしこうした合併の一般的な効果は，すべての合併企業のなかに合併後ただちにもたらされるものではないという点に注意すべきである。なぜなら，たとえば合併によって企業の物的規模が大きくなっても，それに対応して管理水準が向上するという条件が存在しなければ，合併によって期待される効果は現実に発揮されないからである。また合併計画の段階においては，合併の効果が企業間に十分認識されていても，合併しようとする企業のまえには合併計画の推進をさまたげる諸問題がよこたわっていることも事実である。ここではまずはじめに合併の一般的効果と，合併効果発揮の諸条件を

検討し，次に合併をさまたげる諸要因についてふれることにしたい。

① 生産規模拡大の効果

企業の合併は企業規模の拡大をもたらすが，企業規模には，企業の産出面の量的規模を示す生産規模と，投入面の大きさを示す経営規模との２つの側面がある。まず，合併によって生産規模の拡大がもたらされる場合には，合併しようとする企業が，それぞれ生産していた製品種類を統合して，合併後各工場設備に最適の製品を集中的に生産することが可能となるから，集中化の原則に徹した生産体制をとることによって，コスト節約の効果を期待することができる。集中生産によるコスト節約の効果は，次の諸点にみいだされる。

　a　多品種生産に伴う研究開発費などの間接費や，新市場開拓費に必要な多額の投資が節約されるから投資コストの節約が大きい。

　b　専門・集中生産への転換によって，原材料および部品の運賃，保管料の節約が可能となるほか製品運送費，保管料など販売直接費の節約によるコスト引下げが期待される。

　c　集中生産により機械の切換時間の節減，工数の節減，機械設備の集約利用によってコスト低下が可能となる。

　d　諸工具，治具の合理化ならびに品質精度の向上。

　e　工場別専門生産体制，設備の移転，工場の統合等が行われれば量産化の基礎条件が与えられる。

量産型工業や装置工業に属する企業にとっては，合併による集中生産体制への移行は，ｅのように生産単位を量産化の規模へ引上げることを意味しており，したがってそうした量産型工業に属する企業の場合には集中化を前提として生産規模拡大の利益が，合併の大きな効果となるのである。コストが生産単位と直接的な関数関係を示す量産工業では，生産単位引上げによるコスト面の効果がいちじるしいから，専門・集中生産を前提として，量産化の体制にむかうことがコスト・ダウンの基本的な課題となるのである。企業の合併は，この課題を，新規投資の節約，二重投資の回避という形で短期間に解決する効果をもつから，スケール・エフェクトの大きい技術を主とする企業にとっては，企業の

第4章 企業集中

　合併は生産規模拡大によるコスト・カーブの低下を直接目的として進められる場合が多い。こうした量産型工業の典型として自動車工業を例にとってみよう。

　自動車工業は，他の産業部門にくらべて設備プラントの大きいことはいうまでもないが，そのうえ毎年のモデル・チェンジのための工具・治具その他に要する費用が大きく，生産単位が大きくなければコスト面で引き合わない。

　アメリカにおける自動車工業の歴史をふりかえると，生産規模の拡大をめざす企業の合併がめだって多く，この事実をよく物語っている。すなわち1948年はプレイボーイ，49年にはタッカーが破産して脱落し，52年にはクロスリー社が，乗用車生産を中止して競争場裡から姿を消したのち，3つの合同が行われている。1953年にカイザー・フレーザー社とウィリス社の合同。1954年にナッシュとハドソンによるアメリカン・モーターズ社の設立。同じくスチュードベーカーとパッカードによるスチュードベーカー・パッカード社の設立がこれである。これらはいずれも合併によって生産規模を拡大し，コスト・ダウンをはかり，GMとフォードに対抗しようとするものであった。生産量とコストの密接な関係は，装置工業の典型である化学工業にもあてはまる。

　企業の合併効果を生産面にかぎってみると，すでにふれたとおり，それは集中専門生産体制への転換を容易にし，量産化を可能ならしめることによって，生産コストを短期的に低減させる効果をもつのである。ただし企業の合併が，生産の集中化や量産化によってコスト面での効果をもつとはいえ，反面においてもっとも危険な問題は，操業率の低下によるアイドル・コストの発生であろう。合併によって生産規模は拡大しても操業率が低下すればコスト面での合併効果は減殺され，企業の収益性は，合併によってかえって弱められるからである。したがって以上に述べた合併効果が，現実に発揮されるためには，適正な操業率の維持が不可欠の前提であるといってよい。

　② 経営規模の拡大と非価格競争力

　合併は企業規模の拡大をもたらすが，企業規模というときには，一般に生産規模と経営規模に分けて考えられるから，合併による生産コストの節約効果は，主として生産規模の拡大による利益であり，企業の競争条件からみると価格競

争力の強化に役立つものと考えてよい。ところが，企業の競争力を考えるときには，現実の市場が不完全市場であるから，価格だけが唯一の競争条件ではなく，したがって競争力は価格差のみに依存しないことに注意しなければならない。つまり競争に対処する方法としては，生産コストの節約による価格競争力の強化だけでなく，サービス，販売網の強化，決済条件，広告宣伝力など非価格競争（non-price competition）の諸条件を戦略的にととのえることも重要な方策となってくる。非価格競争は，価格以外の諸条件で優位を占めることによって販売数量を増大させる競争であるから，理論的には需要曲線を右側へシフトさせる競争である。

　企業の合併による経営規模拡大の効果は，企業のこうした非価格競争の諸条件を有利にさせる点にみいだされる。すなわち，販売網，広告宣伝，サービスなどの非価格競争の諸条件で優位にたつためには，各種の積極的販売政策を進めることが必要であるが，問題はやはり企業自身が販売費用をどれだけ投入できるかにかかっている。合併による経営規模の拡大がただちに販売網の拡大，広告宣伝力の強化などをもたらす場合もあるが，合併によってこうした販売費用の投入を可能ならしめる経営基盤が与えられる点に，合併の大きな効果があるといってもよい。

　非価格競争のひとつ，決済条件をめぐる長期延べ払いの競争においては，合併による経営規模の拡大が競争力の強化にとって決定的な意味をもつのである。たとえば合併によって経営規模が拡大すれば，まず銀行取引枠が拡大するし，有利な融資条件の確保，自己資本調達の容易さ，担保物件の増大といった形で，金融上の効果が作用するからである。

　経営規模が小さいために広告宣伝費の支出をはじめ，販売費用の投入が十分できなかった企業が，経営規模の拡大によって総額としてより大きな額の販売費の支出が可能となるだけでなく，大量販売の利益によって製品一単位をとればかえって減少し全体として節約される傾向をもつことは経営規模拡大の大きな効果であろう。一般に経営規模の拡大に伴って，生産部門以外で支出される費用は売上高が大きくなると，売上高当たりの支出比率が同じでも絶対額では，

はるかに大きくなるから，それだけ負担力を増し，有効な使用が可能となる。研究開発部門などは，この絶対額がもっとも問題であるから，その負担力が高まることは，研究単位を拡大し，技術開発力をいちだんと強化することになる。

ただし，合併による生産規模拡大の効果が操業率の低下によって減殺されるように，経営規模の拡大も，それ自体のなかに効果を減殺する要素が存在している場合がある。第1に，企業の合併によって，いわゆる経営規模の拡大がもたらされても，自己資本比率が低位で，借入金過多の傾向が続けば，合併の結果は依然として金利負担が大きく，企業の収益力をいちじるしく弱め，決済条件においてかりに優位にあってもコスト・価格面での不利はさけられないからである。したがって，合併による経営規模拡大の効果は，あくまでも自己資本構成の高度化を前提としてはじめて意味をもつのである。

第2に，経営規模の拡大が一定の限度をこえると，各部門において非能率を生じ，費用の上昇を招き，また大規模組織と個人との関係をめぐる問題もしばしば指摘されている。合併による企業の物的規模の拡大に対応して，こうした組織面の大規模化に伴う諸問題への対処策を準備することは経営規模拡大の効果にとって不可欠の前提となるのである。組織改革および分権組織やゼネラル・スタッフの強化，コンピューターによる中央情報集中管理体制の導入などがこれである。以上のような前提が与えられなければ，合併による経営規模拡大の効果は発揮されないであろうし，企業の非価格競争力は強化されないであろう。

③　多角化をめざす合併の効果

企業の合併は，一般に価格競争に対処する生産体制として専門集中生産とそれを前提とする量産体制の確立を通じてコスト面で大きな効果が期待されることを指摘したが，他方において企業の合併がたえず市場の変化に適応していくための多角化戦略として進められている場合も多い。この場合には，合併は多角化の手段としての効果をもつのである。成長力の低い，あるいは斜陽化が目にみえている製品なり産業なりに，いつまでも専門化し，集中生産を続けることは企業の成長性を維持する道ではなく，またイノヴェーションに伴う市場の

変化は，特定製品のライフ・サイクルを短縮化しつつあるから，新製品や成長産業を基礎としている企業といえども，多角化戦略を否定できないはずである。多角化によって停滞産業がより有利な製品分野に進出し，収益を上げていくばあいもあるし，成長企業がさらに異種部門へ多角化を進めていく場合もあるが，いずれにしても，その目的はいかにして有利な，より収益性の高い製品，新事業に進出して企業の成長を維持していくかどうかということである。

多角化を進めるにあたって，合併という手段がとられるのは，第1に，進出しようとする事業分野ないし製品分野のマーケット・シェアがほぼ安定的でニュー・エントリー（新規参入）が困難なとき，その分野における既存企業を吸収合併して有利な条件で進出する場合。第2に，進出を予定している事業への新規投資を節約しようとする場合。第3に，現在の製品系列ないし原材料・部品の生産系列上，中間取引のロスを排除し，事業や製品・部品・原材料の補完関係を企業内に確立したほうが有利である場合。こうした条件のもとでは多角化政策は，一般に合併の形式をとって推進される。

(3) 合併と経営管理の問題 ─過去の事例から─

合併した企業がすべて合併当初の目的を達成し，合併効果を発揮するとはかぎらない。合併計画の段階では予想しえなかった問題が合併後に提起されることもあるが，合併によって企業規模の拡大を図り，企業の物的な力の増大を実現しても，管理の力を増大させる条件が準備されなければ合併の経済的効果は失われてしまうことに注意しなければならない。たとえばハワード・インダストリー社とイースタン・エレクトロニック社の合併ケースを検討したジョン・ペリー（J. Perry）氏は，次の6つの問題が合併後の企業に提起されたことを指摘している。組織変更に伴うマイナス，会計制度の混乱，情報網の乱脈，従業員相互の対立，労働組合の挑戦，企業の個性が失われること[3]。

このように合併で問題になることは，第1に，内部要因として，経営方針の相違，役員人事，管理組織の相違，管理職をふくめた従業員の地位・待遇の問題，資産・負債額と収益力のひらきなどで，これらの内部要因が大きく相違しているときには，合併によるインテグレイトは困難であろう。

第4章 企業集中

　第2の問題としては，企業の利害関係者の対立の問題がある。これは企業に利害関係をもつ株主・取引先・取引金融機関・労働組合・販売店・代理店系列等のいわゆるステイクホルダー相互間の対立であり，それは多くの場合，合併しようとする企業の内的要因の相違を反映している。

　かつて通産省が行った企業合併に関する調査報告書（アンケート・面接調査）によると，合併にさいして何が問題となったかについての調査では，合併会社の賃金水準および体系の相違（58件）がもっとも多く，ついで合併会社間の業績の相違（29件），役員および管理職員の処遇（22件）の順となっており，これらは今日でも企業合併のマネジメントの課題であるといえよう（通商産業省企業局『企業合併——経営面からみたその実態』（1970年6月）97ページ）。

　第3に多角化や異種部門への進出をめざす合併には，さらに固有の問題も発生する。それは特定の事業部門についての知識や経験の蓄積を基礎にして，別の事業部門においても十分効果的なマネジメントが行えるわけではなく，したがって合併によって多角化したり，新たに進出した部門をもつ企業では，多様な事業部門，異質の生産技術に関して精通した人材を十分確保しなければならないという問題である。ダニエル・キャロル（Daniel Carroll）氏のコングロマリットの分析では，あるコングロマリットの経営者が，特定の産業部門ではなかば常識となっている原料への投資を，十分理解できず，またそれが在庫原料の価格に与える影響も理解できないために，適切な処置がとれず，在庫管理の不手ぎわから巨額の損失を生じたという失敗例が紹介されている[4]。

　多角化および異種事業部門への進出が，たえず企業の成長を約束するわけではない。かつてキッチング氏が発表した報告（ハーヴァード・ビジネス・レビュー，1967年11・12月号参照）「合併はなぜ失敗するか」によると，かれの調査対象となった企業合併のうち，もっとも失敗率の高いのは，コングロマリット型の合併であるという興味ある事実に注意したい。それは，多角化による危険分散の方法自体が，危険をはらんでいるという見方もできよう。技術も市場も異なる部門への多角化，そのための合併においては，被合併企業の経営者たちをどのように処遇するかという問題に直面するが，かりに合併と同時に被合併

企業の経営者が更迭されれば，その企業が保持していた市場関係および取引関係が不利になることはあきらかであり，逆に被合併企業の経営者が全面的に温存されれば，新しい複合企業のシステムを展開していくうえにさまたげとなりかねない。したがって，コングロマリットにおけるマネジメントの問題のひとつは，このような複合企業の経営管理者を，いつ，どのように入れかえていくかという人事政策にあるといわれている。

3　企 業 集 団

(1) コンツェルン形態

数個の企業が，法律的に形式上は独立性をたもっているが，実質的には資本の所有を通じて結合されている企業集団をコンツェルン（Konzern）という。リーフマン（R. Liefmann）によれば，コンツェルンとは法律上独立をたもっている数個の企業が，生産技術，管理技術，商業，とくに金融の関係において統一体をなすものであるとされている。

コンツェルンにおける企業結合の方法としては，a 株式所有，b 金融，c 役員派遣による人的結合，d 数個の企業間で資本の交換を行い，それによって相互の連絡を密にして統一的行動をとり，利益共同的なものを形成する方法などがあるが，これらのうちコンツェルンをもっとも特徴づける方法は，a 株式所有である。この株式所有を基礎として，役員派遣や，金融上の貸付け関係を通じる結合方式が同時に用いられる場合が多い。

コンツェルン参加企業を統一的に指導するものに，持株会社（holding company）がある。コンツェルンには，法的独立性をもつ各企業が，この持株会社に，参加各企業に対する統一的支配ができるだけの株式を持たせる場合に成立するものと，また，巨大規模の一企業である親会社が持株会社として，名目的に，その単一的所有組織を分割して数個の分立企業すなわち子会社を設立する場合とがあるが，いずれにしても，持株会社がコンツェルン参加企業の株式を所有して，これらの企業を事実上支配するのが特徴である。持株会社には，他の会社の株式を保有し，支配するのみで，みずからはなんら生産・販売業務

をいとなまない純粋持株会社（pure holding company）と，他の会社を支配すると同時に，みずからも事業をいとなむ事業持株会社（operating holding company）とがある。わが国の独占禁止法第9条は，純粋持株会社の設立を禁止していたが，平成9年の法改正によりこの禁止規定は緩和された。(6)

(2) **日本の企業グループ**

　日本の企業グループは，形成の特性によって，3つの類型に分類できる。第1の類型は，戦前の財閥の系統に属する企業を中心とする「旧財閥3グループ」（三井，三菱，住友）であり，第2の類型は，都市銀行の取引系列を中心とする「都銀（金融）3グループ」（富士，第一勧銀，三和）である。以上の旧財閥系，都銀系の各3グループを「六大企業集団」とよんでいる。第3の類型は，自らの翼下，周辺に企業系列をもち，独自の企業グループを形成している自動車，鉄鋼，電気器具などのグループであり，「独立系企業集団」とよばれている。独立系企業集団は，親会社の本業と，それと関連する有機的な生産関連型・垂直的企業集団であり，この点で本来の企業グループである六大企業集団とは論理的次元を異にしている。この企業集団は，「親（会社）――子会社型企業グループ」とよばれているが，加工，部品系列を中心に排他的な取引が行われているとして，海外から「系列」問題を指摘されている。最近，こうしたメーカー系の垂直型グループとは別に，流通資本が系列化を進めており，有力な企業グループを築きつつある。

　第1の類型と第2の類型の企業グループをあわせた六大企業集団は，共通の構造的特質をもち，そのため「金融コンツェルンあるいは金融グループ」とよばれ，これが本来の企業集団である。これら六大企業集団の社長会メンバーである巨大企業は，都市銀行，総合商社を中核に株式の相互持ち合い，系列融資，役員派遣，集団内の恒常的な取引などを通じて円環状の1つの「集団」を形成している。

(3) **中小企業の共同化形態**

　中小企業が1つの企業集団を形成し，共同で事業を進めようとする形態である。その目的とするところは過当競争の排除，共同受注，共同仕入，重複投資

の排除，共同融資，施設の共同利用，一貫生産，販売体制の確立などに求められており，新しい経営環境に対処して近代化を進め，高生産性の経営形態を選択しようとするものである。また合併，集団化，共同施設の設置等共同化・協業化を進めることによって，適正生産規模ないし適正な生産方式を実現させるという方針は，これまでわが国の中小企業政策が重点を置いてきたところでもある。

(4) 中小企業の融合化

融合化とは，異なる業種の企業が連携し，それぞれが持つ異分野の技術，市場，経営ノウハウ等を提供しあって，従来の垣根を越えた新しい事業を起こす動きを指している。中小企業庁では，1988年度から融合化法をスタートさせ，融合化促進施策を展開している。中小企業の組織化は，地域と同業者を母体に結成されており，共通課題の解決や業界の地位向上に大きく貢献してきた。

しかし，共存共栄ができるパイの拡大時代からゼロサム社会への転換にともない，同業者間の仲間意識は厳しいものとなりつつある。差別化や個性化が問われる時代となり，技術にしろ市場性にしろ，独自なノウハウの蓄積がカギとなり，同業者組織とは異なる新たな組織化ニーズが発生するようになった。同業者間では技術・販売などの面で競合は避けられず，したがって同業者間での経営公開は困難である。その点，異業種間では経営をオープンにでき，発展のための知恵の交流が容易である。異業種企業の間では，一段と飛躍を目指す企業どうしでなければ交流は進まない。したがって，交流にはメンバーの積極的な意欲が不可欠になる。また，外部とのパイプが少ない中小企業の経営者は相互啓発の場を必要としている。

経営資源が相対的に不足しがちな下請け中小企業が技術力・情報力の向上をはかるうえで，異業種企業との交流・連携は有力な手段の1つとなっている。異業種交流グループは，任意グループが中心的存在であり，開発と事業化の発展にあたって，一部が法人化を取得している。なお，融合化法に基づく特定認定組合の累計は200組合となっている（1992年3月末現在）。

下請け中小企業が異業種交流活動に参加して得られた成果として，意識の向

上,情報の質・量の拡充から新製品の開発などがあげられる。一方,問題点として,参加各企業の活動に対する考え方の相異,成果を得るまでに時間を要することおよび活動資金調達の困難性などが指摘されている。今後の発展方策としては,参加企業の拡大,大学・研究機関等との連携があげられる。近年,海外企業との異業種交流や異業種交流グループどうしの交流により活動化をはかっているグループも見られる。

(注)
(1) これらの企業合同形態の分類とは別に,会社法では企業の合併について新設合併(合併により消滅する会社の権利義務を合併によって設立される会社が承継する形)と,吸収合併(合併によって消滅する会社の権利義務を存続する会社が承継する形)とがあることを定めている。

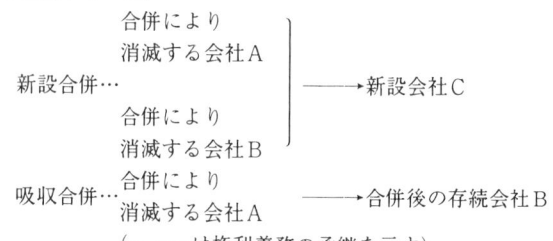

```
                合併により
               消滅する会社A  ┐
   新設合併…                   ├──→新設会社C
                合併により     ┘
               消滅する会社B
                合併により
   吸収合併…   消滅する会社A   ──→合併後の存続会社B

          (──→は権利義務の承継を示す)
```

(2) 「わたしは,巨大組織の形骸化(ossification)の危険性を強調したい。たんなる規模だけでは,巨大組織は重大な点において変動する世界に適応することが困難になる。そこでわたしは,設備および生産物に生じうる陳腐化のような,より動態的な条件に問題点をおきたいと考える。そこでは巨大組織は,より小さくて,より適応性に秀でた競争企業によってうち負かされる危険性がある。……きわめて大規模で硬直的な組織は,昨年の技術と製品に重々しく縛りつけられることによって,経営管理面ですぐれたより小規模の企業に追い越されるかもしれないのである」(E. A. G. Robinson, *The Structure of Competitive Industry*, revised ed. 1958, pp. 48～49『産業の規模と能率』黒松巖訳(有斐閣),68～69ページ)。
(3) John Perry, "What happens after Merger?", *Management Review*, 1962. April.
(4) Daniel T. Carroll, "What future for the conglomerate", *Harvard Business Review*, 1969. May-June.
(5) Liefmann, *Kartelle, Konzerne und Trusts*, 1927, S. 26 D.
(6) 平成9年の独占禁止法の改正により,「事業支配力が過度に集中することとなる持株会社」のみ禁止されることとなった(独占禁止法第9条)。

第3節　企業集中の規制

1　企業集中の規制措置

　企業はみずから自己拡張の形で拡大していくのではなく，数個の企業と結合し，集中することによって，市場における競争を制限するだけでなく，生産工程を結合することによって，生産費を節約し，また持株会社の方法によって資本を有利に使用することができる。しかし，企業集中がその効果を十分あげるためには，できるだけ多数の企業が結合することが必要であり，それが市場を独占する。それは同時に，非参加企業，非独占企業に対する経済的圧迫を意味し，また一般消費者の不利益をまねくことはいうまでもない。
　そこで各国政府は，健全な国民経済の発展，公正な競争の実現という見地から，企業集中の排除ないし制限を立法化し，各国の経済的条件に従って，各種の政策をとるに至っている。

2　各国の政策

アメリカの独占禁止立法

　アメリカにおいては，各州ないし連邦政府の独占禁止に関する法律が成立するまでは，不正競争を防止し，公正な取引を確保するという立場が，古くから慣習法によって認められていた。しかし1870〜90年代におけるトラストの形成は，社会の注目をあびて，公益侵害という批判を生むに至った。このような事情から最初の連邦立法であるシャーマン反トラスト法（Sherman Anti-Trust Act）と称せられる「取引および商業を不法な制限および独占より護る法律」が1890年7月2日に制定された。
　シャーマン法はきわめて短くその第1条は，州際または外国取引を制限するすべての契約，結合もしくは共謀は違法であると宣言し，第2条は，州際または外国取引の独占，独占企図，独占目的のための共謀は，これを違法とすると宣言している。これらの2カ条は，制限の種々異なった種類を包含している。すなわち，第1条は結合がトラストまたは独占に該当しない場合であって，各々別個の会社間，事業間の結合など，反トラスト法違反のもっとも一般的な類型に適用する。法は独占と取引制限のための共謀を別個に規定しており，個々の企業のあらゆる形態の結合およ

び単一団体に支配力が取得されることを禁止する意図をもっている。

しかしシャーマン法は、第1に、この法律を実施するのに必要な専門的かつ常設的な担当機関が設けられなかったこと、第2に、不法な制限および独占に関する規定が抽象的で、その解釈・適用が困難であったことなどの理由によって、これを補強するため、新しい立法措置が必要とされるに至った。

1914年9月26日に成立した連邦取引委員会法（Federal Trade Commission Act)、ならびに、同年10月15日に成立したクレイトン法（Clayton Anti-Trust Act）がこれである。連邦取引委員会法は、連邦取引委員会の設置を規定し、この委員会は、第1に不公正な競争方法ならびに欺瞞的行為・慣行を調査すること、第2に、その調査事実を公表すること、第3に、違法行為（不公正な競争方法ならびに欺瞞行為）があった場合は、その実行の中止または以後行わない旨命令することなどの活動を規定した。

一方クレイトン法は、正式には「不法な制限および独占に関する現行諸法規を補正し、かつ、他の諸目的のための法律」となっており、26カ条からなっている。主内容は、第1に差別価格の禁止（買手により価格を差別することの禁止）、第2に拘束取引の禁止（相手が自己の競争者と取引しないことを条件として取引することの禁止）、第3に特株会社および独占目的のための株式保有の禁止、第4に会社重役の交換、および銀行重役が他の銀行の重役を兼任することの禁止などである（アメリカおよびヨーロッパの最近の独禁政策については「海外競争政策の動き」『公正取引委員会年次報告』平成4年版。109～125ページ参照）。

ドイツの競争制限禁止法

ドイツの「競争制限禁止法」は、1957年の半ばに成立し、1958年1月1日に発効した。その第1条は、原則として市場関係に影響を及ぼすカルテルを禁止し、第2条から第8条までは、カルテル許容の適用除外を規定している。この許容規定によるカルテルの主要なものは、輸出カルテル、条件カルテル、割引カルテル、合理化カルテルなどであり、特に輸出カルテルは「この法律の用適地域外の市場における競争を制限するものである限り」許容されることになっている。

合併、株式保有等による企業結合については、合併、株式保有について届出を行わせ、審査を行い、また市場支配的企業の乱用行為（価格引上げ、抱合わせ販売等）を禁止する規制をしている。なお旧西ドイツでは、競争制限禁止法を強化する改正案が、1973年7月に成立している。最後に、1990年10月3日のドイツ統一に伴って競争制限禁止法が旧東ドイツを含む全域に適用されることとなったことと、1993年末までに不動産、住宅建設、農業部門を除くすべての国営企業の民営化完了を目指した政策がすすめられていることを指摘しておこう。

イギリスの制限取引慣行法

イギリスにおいて、1956年に制定された「制限的取引慣行法」は、いわゆる弊害

規制主義をとり、その第6条に協定を登録しなければならないと規定している。

制限的取引慣行法によれば、登録官は、登録協定を制限的取引慣行裁判所において、公益に合致するか否かの審査の申立を行うことになっている。したがって、この審査によって、カルテルの協定内容が、公益を害するということになれば、その協定は廃棄しなければならず、典型的な弊害規制主義をとっている。またイギリスでは、1973年7月「公正取引法」が制定され、同法により競争政策および消費者保護政策を担当する公正取引庁が設置された。なお、その後1980年に「競争法」が制定された。

日本の独占禁止法

わが国の独占禁止法は、正しくは「私的独占の禁止および公正取引の確保に関する法律」として、1947年4月に制定されたものである。その後それは1949年、1953年と、2度にわたって改正を加えられ、現在に至っている。制定当初の独禁法は、アメリカのシャーマン法、クレイトン法、連邦取引委員会法を総合した性質を持ち、きわめて厳格な規定を持つものであった。すなわち、それは、企業家が私的独占および取引制限行為を行うことを絶対的に禁止し、カルテルの無条件禁止、株式保有の制限、役員兼任の制限、合併、営業譲渡の制限、公正取引委員会の設置等を規定していた。

しかし1949年の改正により、重役兼任、株式保有、国際契約に対するきびしい制限が緩和され、さらに1953年に第2次の大改正が行われた。本改正の要点は、独占禁止にとってもっとも有効なカルテルの無条件禁止の規定が削除され、それまでの独禁法違反事件の大半を処理していた条文が失われたことである。その結果、カルテルは認可制となり、不況カルテルと合理化カルテルの2種類のカルテルが認められることになった。

また以上のような改正に加えて、特別法による独禁法の適用除外規定が数多く生まれている[1]。このような状況のもとで合併による企業規模の拡大、金融機関と事業会社の株式保有が進行しているため、独禁法を改正し新たな競争政策の導入が必要となっている[2]。

（注）
(1) カルテル体制化の動きは、1950〜60年代の自由化対策としての保護政策のなかで活発となった——菊池敏夫「現段階における企業集団化の一契機——貿易自由化とカルテル体制」『経営組織論の新展開』（日本経営学会編、ダイヤモンド社刊、1961年10月）39〜56ページ参照。
(2) 菊池敏夫「競争政策と企業行動の諸条件——独禁法改正に関連して」企業診断、1975年5月号、6〜11ページ参照。なお独占禁止法改正法（1977年6月3日

公布）では，カルテル対策，寡占対策および株式保有規制の強化対策を主要な柱として，これに対応する各種の制度の新設等が行われた。また，日米構造協議を通じて米国側はわが国の競争制限的な取引慣行が貿易不均衡の要因の1つであるとして，これを是正するため独占禁止法の運用強化を求めていたが，この要求に対応するため，1991年には課徴金引上げのための，また翌1992年には法人に対する罰金引上げのための独占禁止法改正が行われた。

第5章 企業と環境

第1節 企業と環境適応

　経営管理に関する伝統的理論の課題は，企業内部の経営資源を合理的・効率的に管理するための管理機能と管理原則を明らかにすることであったといえよう。しかし，現代の企業が現実に解決をせまられている問題の中には，むしろ企業の内外に生起する変化に対して企業の行動それ自体を，いかに適応させるかという問題が多く，このことは，環境（environment）変化の性質や方向を予測し，それへの適応のシステムをたえず準備していくことが，経営管理の重要な課題となってきたことを意味している。

　企業が，環境変化を予測し，その変化に対して企業の行動を適応させるためには，企業内部にたえず革新（innovation）を遂行する機会が提供されていることが必要であって，このような革新をリードする主体は経営者にほかならない。

　経営者の役割が，このような革新の推進機能にあるとする見解は，古くはシュムペーター（J. Schumpeter）をはじめ，多くの人々によって説かれているが，経営管理の伝統的理論においては，環境変化への適応や，そのための革新機能は，管理機能の一部か，またはそれを補足する程度のものとして考えられている場合が多い。企業と環境との関係，ならびに環境変化の性質や方向を考えると，経営管理の本質が，革新の推進機能にあるという認識が強く要請されているといわなくてはならない。すなわち，企業と環境，ならびに環境変化への適応と革新に関して，少なくとも次のような基本的認識をもつことが必要となっている。

　第1に，経営管理の機能としては，恒常的な日常業務の能率を向上させるこ

とよりも，企業の進むべき方向，変化への適応のタイミング，革新の遂行に関して適切な意思決定を行うことが，はるかに重要であること，したがって環境への適応と，内的革新それ自体を経営管理の中心的な機能と考えることである。

第2に，環境への適応が，企業の行動体系をそのままにして部分的に行われるのでは真の適応とはなりえないから，企業を環境との相互作用を繰り返す柔軟なシステムとして把握することが必要であり，機会や問題に対する機敏な反応を，現行業務の効率的な管理よりも重要な機能として取り扱うことである。

ところで，企業の環境（environment）というとき，そこには多様な把握の仕方があることも考えておかねばならない。ここでは，まず環境に関するいくつかの考え方を取り上げてみることにしよう。

1　企業環境の諸領域

コロンビア大学のメルビン・アンシェン（Melvin Anshen）教授によると，「経済的変化の領域は，経営者・管理者にとって重要ないくつかの環境領域のうちの1つにすぎない。このほかにも3つの重要な領域があり，それは技術的環境，社会的環境，政治的環境である」と述べている（Melvin Anshen, "Management of Idea", *Harvard Business Review*, 1969, July-Aug.）。

また，ＧＥ社がデルファイ法により，多数の専門家を動員して行った企業環境予測があるが，この予測においては企業環境を，政治的環境，社会的環境，技術的環境，経済的環境の4つの領域に区分している（E. ダンケル，W. リード＆ウィルソン，田崎訳『ＧＥ社の企業環境予測』10ページ）。

これらの環境領域は，企業の意思決定に関連する諸要因のうち，それぞれ同質性をもつものをグルーピングして，いくつかの領域に区分したものであるが，このような方法からすれば企業の意思決定に重要な関連をもつ領域として，さらに大気・水質等をふくむ自然環境を加えることが必要であろう。環境はさらに単純化して把握することもできる。たとえばバーナード（C. Barnard）によれば，環境は，原子と分子，運動する生物の集積からなり，また人と感情，物理的法則と社会的法則，さらに社会理念，行動規範および力と抵抗など無数の

ものからなるとして，これらを物的環境（生物世界をふくむ）と社会的環境の2つの領域に分けている（C. Barnard, *The Functions of the Executive*, p.197. 訳書『経営者の役割』206ページ）。

2 内部環境と外部環境

　企業の環境というとき，企業組織を境界として組織内部の環境と外部環境に分けて把握することができる。企業の一般的環境を，1に示したように政治・経済・技術・社会・自然の5つの領域に分けるとしても，あるいはまた，より単純化して物的環境と社会的環境に分けるとしても，それらは企業組織の内側にも，また外側にも存在する環境領域である。たとえば行動規範といった社会的環境は，企業組織の内的環境にも，また外的環境としても存在している。しかし，外的環境としての行動規範に対して，企業内の行動規範が適応していなければ，企業の意思決定や行動は，常に社会との対立を生み，組織の存続もまた困難となるにちがいない。また外部的環境としての市場が，企業の供給する製品価格を受け入れない場合，企業の内部環境の変化，すなわち技術的変化等の革新によって価格の低下がもたらされれば，内的環境と外的環境の均衡が維持されるというように，内的環境と外的環境は，相互に作用しあう関係にある。したがって企業にとっては，内的環境を外的環境に適応させることが常に要請されており，この適応のシステムを準備することが経営管理の最も重要な課題となるのである。

3 内外環境の主体

　企業の環境を，上記のように内的環境と外的環境に分けて把握する場合，それぞれの環境の主体として，内部構成員および外部参加者を区別することができる。内部構成員は，企業組織それ自体を構成する経営者・管理者・専門家・一般従業員からなり，これらの内部構成員の間には，組織の基本的構成要素として共通目的，協働の意欲，意志疎通が存在している。これに対して外部参加者は，企業組織と利害関係をもつ利害関係者集団（stakeholders）を指している。

第5章　企業と環境

これらの利害関係者には，株主，労働組合，地域社会，消費者，金融機関，取引先企業，債権者，政府など，多様で相互に異質な集団がふくまれている。

さて，環境の領域，内的・外的環境の区分および環境の主体に関する上記のような理解を要約して図示すると，第1図，第2図のとおりである。なお環境主体という概念は，高田馨教授によると「株主をのぞく企業の利害者集団を指すもの」とされているが[1]，ここでは資本提供者としての株主をも，企業外部の利害関係者集団と考え，環境主体とみなす立場をとっている。

第1図　企業環境の領域

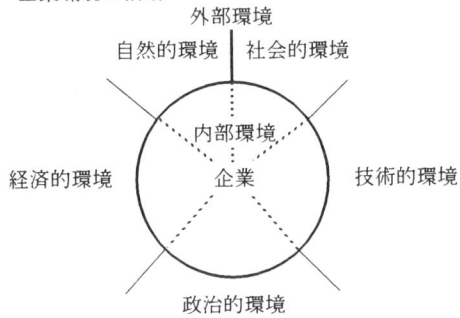

（自然的環境／社会的環境／技術的環境／政治的環境／経済的環境　外部環境；内部環境—企業）

第2図　企業環境の主体

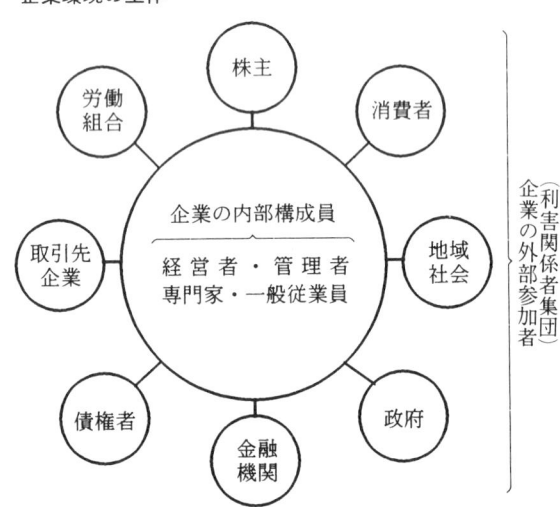

（企業の内部構成員：経営者・管理者・専門家・一般従業員／株主・消費者・地域社会・政府・金融機関・債権者・取引先企業・労働組合＝企業の外部参加者（利害関係者集団））

4 企業目的と環境への適応

　企業環境を，前ページのように理解するとしても，環境の諸領域および企業目的と環境との関係について，次の点を認識しておかなければならない。

　それは，企業によって環境がどのように分類されるか，また企業によって，いかなる環境領域や環境主体が重視され，いかなる領域や主体が軽視されるかは，常に企業の目的ないし目標に関連しているということである。すなわち，バーナードが述べているように，環境は，「目的に照らして識別されるとき以外には，その多様性も変化も，意味をもたない。もし変化が目的の見地からみて意味がなければ，それらは静的事実とみられ，あるいは静的かつ動的な事実とみられる」にすぎないのである（C. Barnard, *The Functions of the Executive*, p.197. 訳書『経営者の役割』206ページ）。

　企業が経済的環境のみを重視して，その変化を常に予測するにもかかわらず，自然的環境および社会的環境の領域を企業環境として意思決定の領域に位置づけていなかったとしたら，それは，企業の目的または目標からみて，そのような領域が意味をもたなかったからであろう。また利害者集団についていえば，地域社会が企業の環境主体の1つとして，意思決定の領域に位置づけられていなかったとしたら，それは企業の目的ないし目標の選択に問題があるとみなければならないのである。

　企業環境の変化は，しばしば社会の新しい価値体系や要求を反映しているために，環境変化への企業の適応過程において，企業は新たな価値体系と新たな目標を受け入れ，またはそれに接近するような意思決定を行うことが要請される。それは，企業の内的環境の変化，すなわち，革新を意味しており，このような革新をリードする主体は経営者にほかならない。このように考えると，企業の環境への適応を可能ならしめる条件は，経営者が，企業を環境との相互作用を繰り返す柔軟なシステムと考え，環境への適応と内的革新それ自体を現行業務の効率的な管理よりも，重要な経営管理の中心的な機能として遂行することであろう。

　企業に対する社会的環境の変化の1つに，地域社会からの環境改善運動や消

第5章 企業と環境

費者運動がある。カリフォルニア大学のボータウおよびセシ（Votaw & Sethi）両教授によると，これらの社会的行動に対する企業の伝統的な行動様式は，多くの場合，①宣伝による対応策，②法的手段による対応策，③値下げによる対応策の3つに大別され，これらの対応策が，問題を真に解決しないばかりか，むしろ問題解決を遅らせ，企業に対する社会的不信を増大させる結果をまねいていることを，事例をあげて明らかにしている（Dow Votaw & S. P. Sethi, Do We Need a New Corporate Response to a Changing Social Environment ?, *California Management Review*, Vol. XII, No. 1, Fall 1969. Sethi, *Up Against The Corporation Wall*, 1971）。

これらのケースは，いずれも，社会的環境の変化に対して，企業が伝統的な目的ないし目標，価値体系，行動様式を固守し，内的革新を回避したことから生ずる結果の重大性を示唆している。

（注）
(1) 高田馨『経営の目的と責任』（日本生産性本部）および日本経営学会第44回大会報告要旨，20〜24ページ参照。

第2節　企業と利害関係者集団

　企業の周辺には，多様な利害関係者集団が存在しており，これらの集団は，すでに述べたとおり，企業の外的環境を構成する主体とみることができる。企業環境の変化といわれる事実には，これらの集団の企業に対する意識や行動の変化を意味している場合が多い。

　企業の外的環境を構成する主体として利害関係者を把握する場合，利害関係者の意識や行動に関する次のような変化に注意することが必要である(1)。それは，従業員，地域社会，消費者のごとく，個人を主体として形成される利害関係者の成熟過程として，(1)権利意識の形成，(2)組織化，(3)権利の法的保護の要求とその制度化という共通のプロセスをたどり，成熟していく特徴をもっていることである。

　歴史的にみると，利害関係者の中でも比較的早い時期に，その権利が法的保護の対象とされた集団は，株主，ついで労働組合であった。アメリカにおいては1933～40年のニューディール（New Deal）期に有価証券法・証券取引所法が株主保護の目的で制定され，会計士監査が制度化され，またこの時期にワグナー法および公正労働基準法が労働組合の権利や労働条件の基準を法的に定めた。わが国では。1940年代に証券取引法が公認会計士監査を制度化して株主を保護し，また労働基準法，労働組合法などの制定により労働者および労働組合の権利が法的保護の対象となった。利害者集団の中で，法的保護の対象からとり残されていた集団は地域社会と消費者であり，わが国では1960年代にはいってから，ようやく組織化がみられ，法的保護の対象に加えられようとしている。

　このような各種利害関係者集団の成熟過程は，企業の外部環境の変化または環境主体の制度化を意味しており，これが企業に対して与える影響としては，少なくとも次の2つの点を指摘することができる。その1つは，利害関係者の成熟過程は，同時に，企業の意思決定領域にその利害関係者を位置づけねばならず，このことが，企業にとっては目標，価値体系，行動様式の修正ないし革

新を刺激する機会となることであり，第2には，環境主体である利害関係者集団と企業との関係を管理する機能を，経営管理機能および組織の中に位置づけることである。まず第1の点から考えてみよう。

1　意思決定領域の拡大

　利害関係者集団の成熟化に伴って，利害関係者集団の要求や目標や価値を，企業は意思決定領域の中に位置づけなければならない。この場合，企業の伝統的な目的ないし目標を修正するか，新しい目標を導入することが必要であって，こうした適応を回避する結果生ずる危険については，すでに述べたとおりである。

　企業の目標および価値体系の中に，利害関係者集団の利益ないし目標を位置づけることの必要性について，すでにわが国ではいくつかの見解が発表されているので，これらの見解を簡単に紹介しておくことにしたい。

　産業問題研究会の『環境問題に対処する企業経営のあり方』(1971年9月)は，企業が地域社会の環境破壊の防止・改善を経営方針として明確に示すことを勧告し，またこのような基本方針は，経営の組織・機能の中に具体化されねばならないとしている。またこのような方針は，情報管理，予算管理，投資管理，人事管理などの管理活動の領域に織り込まれ，具体化されることが必要であると提案している。一方，通産省産業構造審議会管理部会の『企業財政政策の今後のあり方』(1972年5月)においても，企業目的について，「複数目的の同時達成」という表現が用いられており，今後の企業目的としては，単に企業資本の出資者の利益目標を設定するのみでは不十分であり，利害関係者集団の諸目的群の調整を図ることがトップ・マネジメントに要請されているとしている[2]。

　このように企業の目的・方針の修正，または目標の複合化によって，利害関係者集団の目標や利益を，企業の意思決定領域に位置づけることができる。このように考えると，企業活動に伴う環境汚染および環境破壊の発生は，地域社会が利害関係者集団の1つとして企業によって認識されず，したがって企業の意思決定領域に位置づけられていなかったところに，その発生原因があるといってもよいのである。利益処分において株主に対する高率配当が計画され，

また投資計画において従業員の複利厚生設備に対する投資計画が立案されても，生産現場から排出される汚染物質の回収処理設備への投資計画が立案されなかったところに問題があり，それは，地域社会の環境の改善や汚染防止が企業の目標の中に導入されていなかったことに起因している。

いずれにしても，各種の利害関係者集団の成熟化が，企業の目的・目標の修正または複合化，新しい価値の導入を刺激することは明らかであり，それは，企業の意思決定領域の拡大を意味している。

2　企業の組織と利害関係者集団

企業の組織の中には，多くの場合，利害関係者集団別の組織が編成されている。たとえば，金融機関に対する経理部・財務部，株主に対する株式部・株式課，取引先企業に対する営業部・仕入部などがこれである。しかし，地域社会および消費者と企業との関係をそれぞれ担当する部門組織は，わが国の企業においては，1960年代にはいってからようやく編成され，それ以前にはほとんど存在していなかった。企業にとっては，外部環境の主体たる地域社会および消費者の成熟化に伴って，これらの集団を意思決定領域に位置づけるとともに，このような環境主体と企業との関係を担当する組織を編成することが必要となる。地域社会に関しては，企業と地域社会との関係を担当し，また地域環境に関する情報を収集する部門が編成されなくてはならない。

かつて，カナダの商業会議所は，地域関係を担当する専門の組織を，カナダの大企業が編成すべきことを勧告したことがあるが，アメリカの大企業の一部においても，1950年代から地域関係部を設置し，地域社会との関係改善を，企業内の専門組織に担当させる方法がとられている。1970年のＣＢ（全米産業会議，以前はＮＩＣＢと呼称）が行った調査によると，回答会社174社のうち89社が環境汚染防止のための特別の組織をもち，89社のうち15社は汚染防止管理部局のほかに，環境改善等の特別の問題を処理するための管理委員会，あるいはタスク・フォースをもっていることが報告されている (The Conference Board; Report, No. 507 *Corporate Organization for Pollution Control*, 1970. P. 15.『企業

の環境管理組織』笠井・増川訳19～21ページ)。

　わが国の大企業の組織図に，公害防止課，環境管理課等の名称をもつ公害対策のための専管部課が設置され，また公害対策委員会等の委員会組織が編成されるようになったのは，1969～70年ころからであり，これは地域社会が企業の利害者集団としてようやく認識され，地域社会の環境問題が，企業組織の中に位置づけられるようになってきたことを意味している[3]。また，わが国では「特定工場における公害防止組織の整備に関する法律」(1971年6月)が設定され，公害発生型の企業には，公害防止管理者（国家試験による資格取得者）を配置すべきことが義務づけられ，公害防止管理者の主要業務として，環境汚染の状況の監視・測定・記録，燃料や原材料の検査などが定められている。

　ただし，企業と地域社会との関係および地域社会の環境問題をとりあつかう部門組織が，単に編成されたというだけでは，問題解決にはならない。これらの部門には，地域社会の環境改善に関して，①目標の設定，②地域社会の環境情報の収集・測定・モニタリング，③環境情報のトップへの報告，④投資計画・生産計画等の点検・承認，⑤地域の環境改善計画の立案・実施などの権限が与えられなければならない。設備投資計画および新製品計画の策定段階，または審議段階において，地域環境問題を担当する部門の責任者に，環境改善という職務遂行上の要請にもとづいて，投資計画案および製品計画案をチェックし，またはアセスメント（assessment）を行う機会が与えられなければ，その部門は，常に環境汚染発生後の事後処理を担当する部門にとどまってしまうにちがいない。

3　環境情報の収集・管理と公開性

　企業は内外の広範囲な環境領域から，多種多様な情報を入手し，それらを意思決定者に提供するが，企業の目的が複合化し，たとえば地域社会の環境改善を企業の追求すべき目標の中に組み入れることになるとすれば，当然，この目標に関連して地域社会の環境情報を新たに収集しなければならない。これらの情報の中には，少なくとも，次のようなものがふくまれる。

① 生産過程・流通過程からの排出・廃棄物の質・量に関する観測値，および環境基準との差異分析値
② 環境汚染防止機器の回収・処理効率
③ 地域社会から企業への苦情件数とその内容
④ 環境改善のためにとられた措置とその効果

企業の製品および生産過程または流通過程の特性によって収集すべき情報種類は当然異なるが，その種類は，環境改善目標に従って選択されるべきである。この種の情報に関して基本的に重要なことは，次の4つの点である。

第1に，地域の環境情報は，企業の目的または目標の見地から，生産・在庫・受注・原価・収益等に関する情報と同等の重要度を持つ情報として評価されなくてはならないことであり，第2にこれらの情報が，他の情報と同じように，適切に設計された報告制度または情報システムによりスピーディに収集され，処理され，報告され，それによってフィードバック機能が働く仕組になっていることである。第3に，排出物の質・量に関する情報や苦情に関する情報は，企業にとっては労働災害に関する情報に類似したマイナスの情報であるから，情報が意思決定者に至る過程で政治的配慮の対象とされたり濾過現象を伴わないように，情報の収集部門と意思決定部門とを直結した報告システムの設計が必要となる。第4に，環境情報の公開性に関する問題がある。自治体または地域住民と企業との間に，公害防止協定を締結する事例が増加しており，企業はこれらの利害者集団に対して地域の環境に関する各種の情報を公開すべきであるという要請が当然提起されよう。このような理由からも企業は正確な環境情報を収集し，管理することが必要である。

（注）
(1) 菊池敏夫「公害と企業責任の達成条件」『ビジネス・レビュー』第19巻第2号，一橋大学産業経営研究所編，ダイヤモンド社，18〜19ページ参照。
(2) 通産省産業構造審議会管理部会『企業財務政策の今後のあり方』（1972年5月）は，「経済成長下の企業目標として一般的には，シェア拡大とそれを通ずる利益極大化を目的とした高度成長に主眼がおかれていた。しかるに近時，公害問

題，消費者運動など企業をとりまく制約要因の増大につれて，企業利益の極大化というような従来の単一目標に対する検討が強く要請されるに至っている。……したがって今後は，単に企業資本の出資者の利益目標を考えるだけでは不十分であり，これら多様な利害者集団の利益と企業利益との相互関係を調整する必要がある」と述べている（『企業会計』1971年7月号付録，4～5ページ）。

(3) 菊池敏夫「環境管理と経営組織」，山城章編『環境適応の経営政策』，139～162ページ参照。

第3節　企業の行動と責任

　利害関係者集団の成熟化に伴い，企業は意思決定領域を拡大し，新しい利害関係者集団の目標や価値を企業の目標の中に導入するとともに，各利害関係者集団の利益にかかわる問題を，それぞれの部門組織の編成によって解決すべきことは，すでに述べたが，このような企業の環境主体への適応行動は，企業の社会的責任の達成という問題に関連している。

1　企業の社会的責任

　企業の行う意思決定や行動が，社会的責任の達成を前提として行われているか否かの問題は，重大な社会問題の1つとなっており，企業に対する社会的批判の大部分は，この問題に関連している。企業の社会的責任論をめぐる主要な経営学説については高田馨教授の研究『経営の目的と責任』の中に体系的に整理されている。同書に紹介されているとおり，企業の社会的責任（social responsibility）の概念に関しては，いろいろな見解があるが，企業の社会的責任は，企業の環境主体たる利害者集団に対する責任であって，具体的には企業の社会的責任ある（socially responsible）意思決定と行動を内容としている。したがって，それは企業が環境主体たる各利害者集団の目標・要求およびそれについての制度上の規則に適合した意思決定や行動をとることを意味している。

　これを環境主体別にみると，たとえば内部環境の主体である従業員に対して企業が，その主体性・人間性を尊重し，精神的および経済的な欲求を満足させるとともに，各種の従業員関係の法的規制を遵守することが従業員に対する社会的責任となる。このような従業員への責任を，社会的責任という概念で明確に指摘した代表的文献はシェルドン（O. Sheldon）の *The Philosophy of Management*（『経営管理の哲学』田代義範訳）である。すでに1924年の同著第3章において，従業員への尊厳と友情，能力の最大活用，雇用の安定確保，参加，生活水準の向上，余暇の増大を，従業員に対する企業の社会的責任の内容

におりこんでいることは注目される。

内的環境主体たる従業員に対する社会的責任のほかに，外的環境の主体である消費者，地域社会，株主，取引先企業，金融機関，政府，その他の利害者集団に対しても，それぞれの主体の目標や要求，および法的規制に適合した行動をとることが，外的環境主体への企業の社会的責任の達成を意味することになる。たとえば地域社会に対する企業の社会的責任は，地域の自然環境ないし生活環境の汚染や破壊の発生を防止し，また発生せしめたときは損失を補償し，環境を復元するとともに，環境保全関係の法律・条例等の規制を守ることを意味している。

したがって，企業の地域社会に対する社会的責任を，費用の側面から把握する場合，しばしば環境破壊防止費用の企業負担を指すものと理解されるが，上記責任の内容から明らかなとおり，企業の地域社会に対する費用負担は，環境破壊防止費用＋損失補償費用＋環境復元費用からなるものと理解されるべきである。

このように，企業と環境との関係を扱うとき，企業の社会的責任の問題および費用負担の問題が必ず提起されるのである。むしろ，企業の環境への適応が，環境主体の欲求への適応であるとすれば，その適応過程は当然に社会的責任の達成，およびそのための費用負担を前提とした意思決定と行動を内容とするものでなければなるまい。

2　企業の自己規制力

企業が，環境主体に対して社会的責任を達成できるかどうかという問題は，企業が環境に適応して意思決定と行動をみずからコントロールする自己統制のシステムを，企業組織の中にビルトインできるか否かにかかっていると考えられる。このようなシステムの導入は，具体的には次のことを意味している。

その第1は，企業の最高意思決定機関である取締役会が，多様な環境主体の利益を反映できるような構成をもっていることであり，第2には，監査制度における新しいシステムの導入である。まず第1の点について考えてみよう。わ

が国の企業における取締役会の構成は，内部取締役が圧倒的な比重を占めており，また多くの取締役が部門管理者としての業務を担当している。しかし，企業と各種の外部環境主体，たとえば地域社会，消費者，労働組合などの間に発生する社会的な性質をもつ問題に対して，部門管理業務のレベルから対応することには限界がある。むしろこのような問題に対しては，部門管理業務からは一定の距離をもって，会社の決定や行動が，企業の環境主体や社会に及ぼす影響を観察する立場が最高の意思決定者に求められるところであり，この点に社外取締役の参加の必要性ならびに有効性が存在している。社外取締役制について重要な2つの見解を紹介しておきたい。まずドラッカー（P. Drucker）は，「取締役会は，個々の実際的業務活動から離れ，会社をひとつの全体として眺めなければならない。……取締役会は，その大半が，その会社に籍を置いたことのない人達によって占められたら，言いかえれば完全な社外取締役会に近いほど，より強力，より効果的なものとなるであろう」と述べ，社外取締役が会社業務からの疎遠性のゆえにかえって全体を眺め，広い視野から，企業の当面する諸問題について一般的，原則的な疑問を提起することができるとしている（P. Drucker, *The Practice of Management*, 1954, p.180.『現代の経営』現代経研訳，261〜262ページ）。

もう1つの意見は，イギリスの経営者ジョージ・ゴイダー（G. Goyder）の提案である。彼によれば，取締役会に地域社会の利益代表，消費者の代表，従業員代表を参加せしめることが必要であるとしており，このような構想も，今後の会社制度を考えるときに十分検討されるべき意義をもつものと考えられる（*The Future of Private Enterprise*, 1951.『私企業の将来』名東孝二・垣見陽一訳）。

企業の自己規制力の確立に関する第2の点は監査制度の問題である。

現在の会社制度における監査制度には，企業が環境主体たる利害者集団のために社会的責任を達成しているか否か，または企業が利害者集団のために適切な目標や方針を設定しているか否かを判定したり，その目標に向かって，どの程度の実績を示しているかを測定するための手段も，機会も制度化されてはいないのである。

企業の社会的業績のプラスとマイナスを評価し，環境主体の企業に対する要求のうちで，社会的問題に関連する要求に，企業がどれだけ適切に対応しているかを評価する領域は，しばしば社会監査（social auditting）と呼ばれているが，このような社会監査の領域を，内部監査，とりわけ経営監査の中にふくめることが必要である。しかし，このような監査を行うためには，監査に用いられる基準や指標について，経済量的インディケーターだけでなく，各種の非経済量的インディケーターが利用可能な指標として開発されることが前提である。たとえば，企業の公害防止活動の適法性を判断する基準には，いわゆる非経済量的な環境基準があるが，すでに，この領域では非経済量的インディケーターが用いられていることに注目すべきである。このような各種の指標の利用によって，企業の意思決定や行動が各環境主体の要求に適切に対応しているか否かを，内部監査の領域において点検し，コントロールすることが可能となれば，企業は，環境との相互作用を繰り返す適応的なシステムとなり，環境に対してフィードバック機能をもち，また自己規制力をもつシステムとなりえよう。

3 企業行動に対する法規制の影響

わが国においても，また他の先進工業諸国においても，1960年代後半から企業行動に対する社会的批判が提起され，これにともなって企業に対する法規制が強化され拡大される傾向を示している。アメリカにおいては，この傾向がとくに顕著で，このため1970年代後半には企業行動に対して課せられた厳しい法規制を再検討すべきだとする見解が主張され，連邦議会もこれをとりあげるところとなり，カーター大統領は法規制見直しの大統領命令をだすに至った。

1960年代に企業行動に対する社会的批判が提起されたさいに，企業の社会的責任は企業に対する法規制を強化し拡大することによってのみ達成が可能だとする見解が主張された。この見解は，経済学者の言う市場システムの"failure"に対する論理的な解答として正当づけられ支持されてきた。しかし政府による法規制が企業組織の内部に何をもたらすかを観察することこそ重要であって，企業の内部をブラック・ボックス化して規制強化を主張する見解に

は問題があるといわねばならない。現代企業に対する経営学的接近のひとつの意味は，こうした企業組織の内部構造に対して法規制がどんなインパクトを与えるかの解明にあり，この点について一部の経済学者および経営学者が法規制の強化を主張しているのに対し，筆者は，企業が社会的な要求を受け入れることによって柔軟かつ自律的なシステムとなるべきことを主張してきた。(1)

企業に対する法規制のなかには，環境汚染規制，消費者保護，製品安全，人種差別規制，平等な雇用機会提供法，職場の安全などが含まれているが，これらの法規制の拡大にともなって，企業の側はこれに対応していくための組織的変化をせまられるが，それは，米国では

(1) 法規制にしたがうための各種の費用負担の増加，
(2) 企業組織のなかの法務部門の肥大化，弁護士等法律専門家の大量雇用を促進し，
(3) 政府の許認可業務の拡大によって企業自体の意思決定領域が限定され，許認可により決定がおくれるためにプロジェクトの推進がかならずしも容易ではない，

などの問題が生じている。

いま政府規制の拡大にともなう企業組織の費用負担をみると，スタンダード・オイル社（インディアナ州）のケースでは1975年１年間に同社が政府から提出を求められた報告書は約1,000件に達し，これらの報告書は35の連邦政府機関に提出された。各種の規制・命令を社内に正確に伝達するため，ワシントンへの電話回数が増え，社員の出張回数が増え，1970年にはワシントンへの電話回数が1,300回だったのに1975年には27,000回に達したと報告されている。(2) 連邦議会の小企業委員会は「連邦政府規制による事務量負担」(Federal Paperwork Burden) に関する分科会を設けているが，その公聴会では中小企業の経営者たちが法規制の桎梏からの解放を訴えている。

企業行動に対する法規制の拡大と強化が，企業組織に与えつつある影響のひとつは，企業組織における法務部門を強化し，大量の弁護士を雇用する傾向に進んでいることである。アメリカの大企業のほとんどは「法務部門」(law department, legal department）を編成しているが，もともと企業内法務部門の歴史は，1882年にスタンダード・オイル・ニュージャージィー社が最初に設置したときにはじまる。

その後，鉄道会社，保険会社，公益事業会社などがこれに続き，1930年代とくにニューディール時代（1933-1940年）に多くの大企業の間に普及をみる。エクソン社の法務部には1965年に90人の弁護士が雇用されていたが，1970年に119人，1977年には195人と増加し，モービル社の法務部には200人以上の弁護士がいる。この弁護士の数は全米の大規模な法律事務所に相当する規模であることに注意したい。このほかニューヨーク生命保険の法務部には50人の弁護士が，また，ユニオン・カーバイド社では1976年の92人から78年には107人へ，デュポン社では131人（1973年）から153人（1977年）へと，それぞれ弁護士数が増加している[3]。

最近アメリカでは企業の生産性が伸び悩み，その原因は企業の行動に対する法規制にあるという分析がなされているが，これに関連して，企業組織内部で決定すべき多くの問題が，行政機関の許認可の形で，政府によって決定されるようになってきた。

このことの意味は重要であって，ウィデンバウム教授は，これは，バーリ＝ミーンズの所有者から経営者への決定権の移行を示す第1次経営者革命に対し，こんどは経営者からビューロクラットへの決定権の移行を意味する「第2次経営者革命」（the second managerial revolution）であると規定している[4]。

いずれにしても，こうした問題の観察を通じて企業が自律的組織としての性格を喪失するとき，生産性も競争力も低下することが明らかにされているといってよい。

（注）
(1) 菊池敏夫「企業組織の変動と環境要因」組織科学，1977年12月（Vol. 11. No. 4）組織学会編。

(2) M. Weidenbaum, *Business, Government, and Public*, 1977. pp.142～

143, pp.150～151.
(3) W. Kolvenbach, *The Company Legal Department*, 1979. pp.9～10, pp.91～92.
(4) M. Weidenbaum, ibid., pp.285～289.

第5章　企業と環境

第4節　企業の環境適応の課題

1　制約条件の意味

　企業の意思決定や行動を制約する条件には、さまざまなものをあげることができるけれども、一般的に、それは、短期的な性質をもつものと、長期的な性質をもつものとに分けられるかもしれない。企業の意思決定や行動を制約しているいろいろな条件について、なにが短期的な条件であり、なにが長期的な条件であるかを認識することが可能だとしたら、短期的な制約条件を長期的なものと判断したり、長期的・制度的・構造的な制約条件を一時的なものと考えたりすることが、企業にとってはもっとも危険であるといってよいであろう。

　環境汚染防止や製品の安全性に関する関係法規の制定などは、制度化された長期的な制約条件であり、また資源の有限性からくる一部の原材料・燃料等の供給能力の不足も、長期的・構造的な性質をもつ制約条件とみなければならない。こうした制約条件に対する企業の対応のレベルについていえば、短期的な性質をもつ制約条件への対応は、業務レベル、または管理レベルの意思決定の問題であり、長期的・構造的・制度的な制約条件に対しては、一時的な対症療法や管理レベルの意思決定によって対応できるものではなく、むしろ企業の経営方針や基本目標の修正をふくむ戦略的意思決定を必要とする問題であろう[1]。

　企業の立場からすれば、制約条件をいくつかの基本的な領域において発見し、予測し、次にそれらの制約条件の短期性または長期性といった性質の分析と識別とともに、企業の内部体制がこれらの制約条件にどれだけ適応しているか、という問題の分析と検討こそ重視されなくてはならない。

　しかも、新しい制約条件の形成は、企業行動の革新を刺激する要因にほかならないから、そのような条件への適応過程のなかに、企業行動の革新の機会があると考えるべきであろう。

　とりわけ、長期的な性質をもつ制約条件に対しては、企業の方針や目標をそれに適応させ、修正し、新しい規範を導入していくことが必要であって、この

ような適応過程は，これからの企業が解決をせまられるもっとも重要な課題の1つになるものと予想される。

2 社会的価値規準の導入

企業が解決をせまられている問題群のなかには，さまざまな性質をもつものがあるが，今後のそれは，新しい制約条件に対して，企業内部の価値体系やシステムをどのように適応させていくかという問題に集約されるかもしれない。

企業の行動に対する社会の要求や期待は，立法や行政の形をとって制度化されていく傾向があるが，近年における企業に関連した立法の動きをみると，環境，廃棄物再循環，省資源等に関する一連の法規，監査役制度の強化を中心とした商法改正などがあり，企業の行動に対する社会の要求や期待を制度化したとみられるものが少なくない。

立法や行政の動向に関連して，企業の行動に関して提起された訴訟事件の判決もまた企業の行動に対して新しい規範を求めているものと考えられる。たとえば，かつて四日市公害裁判の判決は，「人間の生命・身体に危険のあることを知りうる汚染物質の排出については，企業は経済性を度外視して，世界最高の技術知識を動員して防止措置を講ずべきである」のに，被告ら6社はその努力を尽くしたとは認めがたいとして過失を認定したものであった（1972年7月24日津地方裁判所四日市支部における判決文による）[2]。

こうした立法・行政ならびに判例の基底には社会的価値規準ともいうべきものがはたらいている[3]。それが何であるかを簡単にいいつくすことはできないけれども，かりに企業の行動に関連づけて表現するとすれば，環境保全，安全性，さらに省資源といった言葉に要約することができるかもしれない。それはまた人間の価値と生活の質に対する新しい価値観の形成といえよう。いずれにしても，こうした立法・行政・判例の意味するところは，企業がその意思決定領域のなかに，資本提供者・取引先企業・従業員といったグループのほかに，地域社会や消費者という新しい外部環境を位置づけなくてはならなくなってきたことである。したがって，企業は，立地選定，設備投資，製品計画などの意思決

定を行うにあたって，いずれも地域社会の環境保全，製品の安全性という規準をいれて代替案の評価や選択を行わねばならないし，意思決定過程にこうした規準が導入されていなければ，その決定は実施段階において法的なサンクションを受けることもありうるし，ひいては企業の社会的信用を失墜しかねないのである。かりにそうなれば，企業内のあらゆるメンバーの努力や部門活動の実績は，一挙に崩壊してしまうこともありえよう。このように，企業においてなされる意思決定のなかに新しい社会的価値規準を導入することは，もはや企業の維持にとっても必要不可欠のこととなってきた。

ところで企業における価値体系は，企業内に設定されている方針，目的，目標，手続，規則などにふくまれており，また業績評価の項目や人事考課の評価項目などに量的指標として示されている。これらの一連の要素は，いずれも広義の計画とよびうるものであって，それは，企業の全体的な行動の規準となり，また個人や部門の活動の規準となり，評価規準となっているものである。

社会的価値規準の導入という問題は，これらの広義の計画全体のなかに，たとえば部門業績の評価項目にも，また個人の人事考課の評価項目にも，新しい評価項目を導入しなければならないことを意味している。環境改善への努力や提案，あるいは住民からの苦情を迅速に処理し解決した個人や部門について，原価の節約や売上の増大に対比して，優るとも劣らぬ評価がなされなければなるまい。これらの行為によって企業の危機は回避されたかもしれないからである。

3　企業と地域社会の関係

地域社会という言葉は，各種経済団体の意見書や声明のなかで，最近しばしば用いられるようになってきたし，また，企業組織のなかに地域関係課を設置している企業もあるから，企業にとって地域社会との関係を維持していくことが，いかに重要であるかについての認識は，しだいに広がってきたといえるかもしれない。

しかし，地域社会と企業との関係を考える場合，地域社会がもつ多様性や，

その構成単位をはっきり把握しておかなければならないであろう。

企業が工場その他の事業所を立地点として，ある地域を想定することは，これまでもいろいろな観点からとりあげられていた。販売市場の大きさを「商圏」として把握したり，従業員や顧客を考慮した「通勤圏」，物流システムからみた「輸送圏」，それに企業の所属する行政区域としての県・市・町・村などがそれである。しかし企業と地域社会との関係を問題とする場合には，こうした圏域の想定では不十分であって，むしろ「企業活動が住民の健康と生活環境および自然環境に影響を及ぼす地域」は，すべて地域社会にふくまなければならず，明確にその境界を設定することはむずかしいのである。企業が，空気や水の汚染や，自然環境の汚染や破壊の発生源となっている場合には，その発生源の位置からみた被害等の発生場所の範囲は，きわめて流動的でさえある。

さらに，地域社会は，また多様な単位から構成されていることも考えておかねばならない。それは，あたかも小さな国家と同じように，住民と自然環境からなるとはいえ，そこには企業，金融機関，行政機関，その他各種の公共施設が存在しており，またそこには伝統と文化が形成されていることも忘れてはなるまい。したがって，企業の地域社会に対する影響やその関係のなかには，企業と住民との関係を中心にしつつも，さらに多様な関係が形成されているとみなければならない。

企業の地域社会への適応のあり方を考える場合には，まず，その地域社会の住民の企業に対する欲求や期待が何であるかを知ることであり，さらにその地域の行政機関の施策や計画をはじめ，地元企業が何を要求しているかを知ることが必要である。すでに企業のなかには市場調査または従業員調査に用いられている需要・動機・意識調査等の技術があるから，地域の住民が企業に対して抱いている欲求や期待を，いろいろな方法で確認していくことは不可能ではない。そうした情報収集の結果を，地域関係に関する意思決定に連結していかなければならない。最近，一部の企業が行っているように，従業員のための福利施設を地域に開放するということも，それが住民の欲求に適応したものならばともかく，たとえば，住民から，雇用機会の提供について強い要望があったり，

第5章　企業と環境

工場周辺の地域の交通事故・交通渋滞などの防止要求が強い場合には，むしろこの問題解決が優先されるべきであって，そうした意味からも住民の各階層から広く企業への欲求や期待を聴かねばならない。

地域の行政機関が行う各種の施策や計画を知り，それに協力することは当然であるが，地元の中小企業のあいだの資材・部品・サービス等の現地調達の要求などの有無についても情報収集が必要であろう。企業と地域社会の関係を計画化するとすれば，このような地域社会を構成するいろいろな主体の多様な欲求について正確で豊富な情報を収集することが先決であろう。それと同時に，企業がどれだけこれらの欲求にこたえているかについて実績資料を作成することも必要となる。

企業は，もちろん行政機関ではなく，また慈善団体ではないから，さきに述べた地域社会のさまざまな欲求や要請を全面的に受け入れることには，多くの制約が存在している。しかし，住民の健康と生活環境および自然環境を汚染したり破壊したりしないということは，住民の要求をきくまでもない企業の責任であって，この責任関係が企業と地域社会の関係の基礎であるといってよい。

したがって，企業と地域社会の関係を計画化する場合には，この課題の達成がすべてに優先してとりあげられなければならない。

業種や規模および製造工程の特性によって企業活動の地域社会に及ぼす影響は異なるけれども，企業の意思決定や計画の領域に，地域社会との関係を位置づけるとともに，トップのレベルにおいてこの問題を専門に担当する機関やスタッフを編成することが必要になっている。

アメリカの大企業のなかには，1950年代からすでに，地域社会との問題を専門に担当する部門を地域関係部として設置している企業があるが，わが国においても企業規模が大きく，地域社会に対する影響力の大きい企業においては，地域社会関係は，かなり包括的な，しかも重要な意思決定の領域となっている。したがって，単なる公害対策課や公害対策室によって，どちらかといえば受動的に事後的に問題を処理する組織の設置にとどまらず，地域社会関係を，従業員関係，株主関係，消費者関係と同じレベルにおいてとりあつかうための地域

関係部を本社に設置し,各事業所にその直接の担当部門または担当者を配置すべきであろう。

　さらにいえば,このような部門は地域社会関係のための長期・短期のプログラムを準備し,事業所内の各部門の管理者や従業員が,これらのプログラムに参加したり,地域問題を経験できるようにすることが望ましい。このような部門の活動が活発化してくれば,もはやこの部門の業績を利益目標で測定することは不可能であって,独自の社会的な目標なり成果の指標が導入されざるをえないであろう。

4　企業活動と環境への影響

　近年の環境影響評価に関する考え方としては,開発計画が立てられる場合に,それが人の健康と生活環境に与える影響だけでなく,自然環境に及ぼす影響についても予測し評価し,さらに計画が進んで実際に企業が立地する段階で,その環境への影響を再評価するという環境アセスメントの方針が明らかにされている。

　自然環境のなかには,学術的価値のあるもの,レクリエーション価値のあるもの,あるいは景観などがふくまれているから,このような考え方にもとづいて環境アセスメントが完全に実施された場合には,企業の立地選定をはじめ,事業分野の選択や投資計画などの意思決定にとっては,かなり大きな制約条件が形成されることを意味している[4]。しかし,それは,いずれ実施されることであろう。

　問題は,こうした環境アセスメントの基底にある価値規準に対して,企業の意思決定の前提となる価値規準を,いかにして接近させ,統合させるかということであろう。

　さしあたり問題となるのは,新しい立地選定を行う場合であるが,それは単独で立地を選定するか,または開発計画に参加したり工場団地やコンビナート等に参加して集団立地を図る場合のいずれにおいても,立地因子と企業の活動との関係の分析や評価にあたって,環境アセスメントの評価項目を用いて企業

みずからの環境への影響を点検することである。環境アセスメントは，政府または自治体が行うものであるが，企業は立地決定前に，みずからの手でアセスメントを行うことが必要である。

　立地選定だけでなく，人の健康や生活環境および自然環境への影響の大きい業種や事業分野に属する企業にとって，あるいは新しく，事業分野の選択を行おうとする企業にとっても，このようなアセスメントを企業内部で行うことが望ましい。[5]

　その場合，たとえば立地選定においては，まず収益性の見地から地価・輸送費・原材料の供給条件等の立地因子を検討して，複数の候補地を選定し，次いでそれらの候補地について環境保全の見地からスクリーンにかけて最終決定に導くという方法が考えられる。このような手続きがとられず，収益性に関連した立地因子のみの評価によって立地が選定されるならば，その企業活動の未来は危険きわまりないものとなるだろう。環境の汚染および破壊問題のなかには，企業が立地選定にあたって，たんに地価の低廉性や輸送費の節約という経済的立地因子だけでなく，さらに多様な立地因子の評価を重視していたら未然に防止されたと考えられるケースがある。

5　海外事業活動との共通性

　企業の環境適応的な行動は，たんに国内の地域社会関係の維持についてのみ期待されるものではなく，それは海外事業活動を行う企業にとって，その現地社会との関係にそのまま適用される企業行動であるといってよい。たとえば，資本受入国のなかには，現地の資材・部品を全く購入しないで現地労働力の利用のみを目的とした企業進出を制限している例や，現地人の雇用機会を大幅に創出することを進出企業に要求しているところもあり，また進出企業が現地の法・制度に従うことはもちろん，慣習や文化を尊重する態度を要求されている例，さらに現地の社会資本の充実に協力することなども発展途上国からの要請にふくまれている。こうした現地の要請に対応するためには，現地社会の側に立って企業活動のあり方を検討することが必要であろう。このことは，国内に

おける企業の地域関係の維持にとってそのままあてはまることである。

　また，企業の地域社会への適応問題に関連して，人事管理方式を再検討している企業があるが，これも重要な研究課題となろう。地域の生活環境および自然環境への適応という要請にもかかわらず，本社一括採用による全国事業所への配置・異動という方式は，常に組織メンバーが本社指向性をもたせることになることは避けられず，地方事業所へ異動してきた従業員・管理者は仮り住まいの意識をもちつづけるにちがいない。現地採用方式または配置についての社内募集方式などを併用することも必要であろう。

　企業と地域社会との関係は，かつては，工場の庶務が地元の祭りに寄附する程度の問題として考えられてきたが，いまや地域社会は，企業にとって重要な利害者集団となってきたし，また地域社会の環境を保護する法律・条例・制度が整備されるにつれて，企業の意思決定や行動は，新しい価値体系を導入していかねばならなくなっている。

　企業は，一方ではその経営資源と能力の発揮，他方では地域社会の経済的，社会的利益の実現という2つの目標を，どのように適合させていくかという課題の解決をせまられているといってよいであろう。

（注）
(1) 　ここでは，企業における意思決定を，戦略的意思決定（strategic decisions），管理的決定（administrative decisions），および業務的決定（operating decisions）に分けるアンゾフの考え方にしたがっている―― H. I. Ansoff, *Corporate Strategy*, 1965, pp.5〜11.
(2) 　『ジュリスト』（特集・四日市公害訴訟）1972年9月10日号，609ページによる。
(3) 　社会的価値規準という用語法は，アローの "*socio-ethical norm*" に示唆をえている―― K. J. Arrow, *Social Choice and Indivisual Value*, 2nd ed. 1963, p.29, p.83. 長名寛明訳『社会的選択と個人的評価』日本経済新聞社，1977年，48, 132ページ。
(4) 　環境影響評価の考え方については『環境影響評価に係る調査，予測及び評価のための基本的事項』（1984年11月）が「学術的価値，風景的価値または野外レクリェーション的価値を有する自然環境への影響の評価をとりあげており，また

第5章 企業と環境

『環境影響評価の実施について』(1984年8月),および『環境影響評価制度のあり方について(答申)』(1979年4月)などがそのあり方を示しているほか『環境基本法』(1993年11月)は環境影響評価の推進を規定している(同法20条)。

(5) 企業の環境管理は近年 ISO14001 として国際的に標準化されている(1996.7.1)。

第6章　経営管理と組織

第1節　管　理　職　能

1　管理職能の形成

(1)　管理職能の成立過程

　現代の経済社会を構成している基本的な単位の1つは企業である。企業は人間生活に必要な財，またはサービスを生産し，流通させるという機能を担当している。企業のこの経済的機能は単一の個人ではなく，多くの個人による協働システム（co-operative system）すなわち組織によって遂行されている。これら企業がそれぞれの機能および目的を達成しようとする場合，そこには企業の活動や人間集団の活動に関連して必ず経営管理の問題が生ずる。組織体のメンバーの数がふえ，多数の人びとの協働によって仕事をしなければならなくなるにつれて，この管理の職能は，決定的に重要な意味をもってくるのである。個人の作業がいかにすぐれていても，これら個人の活動が結合され，協働が効果的に行われなければ，集団ないし組織体の目的を十分に達成することはできないからである。この意味から，管理は，集団や組織体の能力を規定する重要な要素となるのである。ところで，企業における管理職能に対する認識の過程をふりかえってみると，それは産業革命による工場制度の確立とともにはじまる。19世紀の30年代にチャールズ・バベジ（Charles Babbage, 1792-1871）は，*On the Economy of Machinery and Manufactures*, 1832を書いたが，そこで試みようとしたことをかれは次のように述べている。

　「私は製造業にたいする機械の使用を規制する技術的諸原則を列挙しようとするのではない。もっとも大切なことは機械の運転もしくは記憶を達者にすることだといって私を驚かせた読者たちに，かれらの業務に関する諸事実を分類

し整理して示そうとしたのである」⁽¹⁾と。産業革命期にかれが関心をもったのは，機械の設計や製造ではなく，機械化生産のもとでの人間の仕事と人間の組織であった。だから，そこでは作業時間やコストの比較の叙述がみられるし，のちにアーウィック（Urwick）が高く評価したように，それは「多くの工場における方法をみたり比較する機会をもった科学者がその訓練をつんだ眼によって書いた管理研究だった」⁽²⁾のである。

　一方同じく産業革命期に，経営管理の重要性が企業内部の実際面で強く認識されはじめていた。この事実はソホウ鋳造工場の記録が物語っている。ソホウ鋳造工場は，1794年に設立された。それは，発明家ジェイムズ・ウォット（James Watt, 1736–1819）と大きな野心をもつ企業家マシュウ・ボウルトン（M. Boulton, 1728–1809）の提携で行われていた蒸気機関の供給業務を，それぞれの息子たちが引きつぎ，新たに回転式蒸気機関の製作を目的に設立されたものだが，ソホウ鋳造工場に関する史料は，(1)立地条件と工場内のレイ・アウトにたいする事前の注意ぶかい計画がなされたこと，(2)工程の分析，作業の流れにもとづく作業組織の形成，労働の専門化，部品の標準化などが行われていたことを示している⁽³⁾。そこでは監督（supervisor）の権限は大幅にフォアマンとクラークへ委譲され，パートナーたちは，日常的な仕事からほとんど解放されて，事業の方針や政策の問題に専念することとなった。このように産業革命期の企業家の実践のなかですでに経営管理の職能は，作業や技術とは別個の任務として認識され，遂行されていたのである。

　産業革命による機械化生産の成立，工場制度の確立によって，多数の人間が集団を形成してくると，これを管理するという仕事の量が増大し，その内容も複雑化したため，管理という職能が，作業や生産技術とは区別された別個の独立した職能として認識されるようになったわけである。さらに，機械化生産によって生産工程はたくさんの作業部分に分解され，この細分化された作業部分が同一作業を反復するようになると，作業間の相互のむすびつきを計画し，調整する仕事は，生産工程にとって不可欠の職務となる。さらに，生産，販売，財務などの専門化した異質の職能を関連づけ，計画し，組織する職能も必要と

なる。要するに機械化生産の成立と，企業規模の拡大という一般条件が，管理の仕事を作業や生産技術から分離させ，独立した職能として認識させる基礎となったと考えられる。

(2) 管理職能への接近

管理職能の認識とともに，企業における管理の職能を分析し，体系化しようとする試みが生まれた。管理職能に対する科学的接近の先駆者としては，テイラー（F. W. Taylor）(4)およびファヨール（H. Fayol）があげられる。

テイラーが管理問題の研究に，はじめて着手したのは，1882年ミッドヴェール製鋼会社（Midvale Steel Co.）で機械職場の職長になったときであるが，かつてフィラデルフィア市の一工場において工具としての経験をもっていたかれは，作業者および現場管理者としての体験にもとづいて，新しい管理方式の樹立への意図をいだいていた。この管理方式は，まず「課業」（task）の設定からはじまる。すなわち，当時工場にひろがっていた組織的怠業（systematic soldiering）の原因を(5)，かれは，課業の欠如にみいだしたのである。

1903年のアメリカ機械技師協会サラトガ大会で発表した「工場管理論」（Shop Management）は，かれの実践から生みだされた管理体系の集約であり，そこでは管理の目的が次のように規定された。この新しい管理の目的は，「雇主と労働者の利害が相反しない」との規定のうえに立ち，「労働者の要求である高い賃金と雇主の要求である低い労務費の両立を基礎とする」と。そしてこの目的の達成のために，(1)大いなる1日の課業，(2)課業達成のための標準的諸条件の整備，(3)課業の成功にたいする高額の支払，(4)失敗による損失，という基本原則が立てられた。したがってこの基本原則の実施は，課業の設定のための時間および動作研究を必要としたし，またこの課業を保証する手段として組織については企画部（planning department），職能的職長制度（functional foremanship）が考案され，また課業の計画と執行の分離をむすびつける要素として指図票制度（instruction card system）が考え出された。さらに課業の達成を労働者に動機づけるものとして差別的出来高給制度が採用された。

テイラーは，当時の組織的怠業の解決，能率の増進から出発して，課業の設

定こそもっとも重要なものであるという考えに達した。したがってその科学的管理法は，課業管理，生産管理の科学化という性格をもっていたのである。こうしてアメリカにおける科学的管理は，むしろ経営活動の底部から，いわば下から展開してきたといってよい。企業活動を全体としてとらえ，これを管理するという総合的管理の問題は，この段階ではまだ問題となっておらず，管理の必要性はまず，現場監督者と作業者との関係の分野において現われたわけである。このようにテイラーの科学的管理法は生産管理の科学化を中心とするものであるが，しかしこれを通じて管理の科学的原理が確立されたという点を同時に見のがすことはできない。それは管理一般の原理として，その後における経営管理論発展の基礎ともなったものである。(6) このような観点からテイラーによって確立された管理の原則をみると，それは次のように要約することができる。

　a　標準化の原則

　テイラーは企業における生産活動を時間研究によって正確に測定し，すべての生産活動にたいして標準作業時間を設定し，作業方法を標準化するという原則を確立している。

　b　職能的管理の原則

　テイラーが提唱し実施した企画部制度，職能的職長制度および作業指導票制度には，いずれも計画と作業を分離し，計画は管理者が，作業は作業者が担当すべきであって工場内の仕事の中から計画的，事務的，頭脳的な職分を管理職能として独立させるという原則がつらぬかれている。

　c　計画と統制の原則

　テイラーは「あらゆる作業者の仕事は少なくとも1日前に，管理者によって完全に計画されていなければならない」として，課業は管理者によって計画されるべきものであるとした。しかも作業方法，時間が管理者によって計画されると同時に，さらに計画された標準と実際との照合・比較・評価がまた管理者によって統制職能として行われることを示し，管理を構成する計画と統制の原則を確立した。

2　管理職能の体系化

　ところでテイラーとほぼ同じ時期に，フランスにおいては鉱山技師ファヨールによって管理職能への科学的接近が行われていた。かれは『産業ならびに一般の管理』(*Administration Industrielle et Générale*, 1925) において，企業の基本的な職能には，技術，商業，財務，保全，会計，管理の6つが存在すると主張し，管理職能とは，「予測し，組織化し，命令し，調整し，統制する」職能であると定義づけている。[7] ファヨールは，またこれらの管理職能の遂行にあたって必要とされる客観的な14の管理原則を提示している。[8] それらは，①分業の原則，②権限・責任の原則，③規律の原則，④命令一元性の原則，⑤指揮一元性の原則，⑥個人的利益よりも全体的利益優先の原則，⑦報酬の原則，⑧権限集中の原則，⑨階層組織の原則，⑩秩序の原則，⑪公正の原則，⑫従業員安定の原則，⑬創意の原則，⑭従業員団結の原則，である。これらの管理原則を生かすための管理方法としてかれは，経営計画の設定，組織図の作成，調整会議の開催，架橋の設定（例外的に組織の水平関係にある当事者が直接に接触すること），時間測定の実施を主張し，リーダーシップ論を展開している。

　こうした管理職能への科学的接近を先駆として，管理職能を，職能の過程に即して体系化しようとする方法が，いわゆる管理過程論としてすすめられている。

　たとえばニューマン（W. H. Newman）は，経営管理の職能を次の5つの過程に分けて，体系化を試みている。[9]

(1)　計画（planning）
(2)　組織（organizing）
(3)　経営要素の調達（assembling resources）
(4)　指揮（directing）
(5)　統制（controlling）

　まず第1は，なにをなすべきかを決定することであり，これには目標の明確化，方針，決定，実施計画，手続，日常の手順の決定をふくんでおり，第2の組織は，計画を実行するのに必要な活動を結合することを意味しており，第3

の調達は，計画実施に要する職員，資本，施設を準備することである。第4の指揮は，文字どおり計画実施上の指揮命令関係の確立を意味し，第5の統制において，実施結果と計画との照合が行われる。こうして計画からはじまる経営管理の職能は，実施された結果を計画に合致するよう検照するまでの過程に分化されて把握されている。管理職能についてのこのような把握は，管理過程論の多くの経営学者によってほぼ承認されるところであり，たとえばクーンツ・オドンネル（H. Koontz & C. O'Donnell）は「管理者の職能を分類するうえで，最も有用な方法は，計画化，組織化，人事，指揮，統制，の諸活動に従ってまとめることであると思う」と述べている。[10]

次節以降，管理職能として，最も一般的にとりあげられている計画，組織，統制の3つの職能を考察することにしたい。

（注）
(1) L. F. Urwick & E. F. L. Brech, *The Making of Scientific Management*, 1945, Vol. 1, p.23.
(2) L. F. Urwick & E. F. L. Brech, ibid., p.23.
(3) ソホウ鋳造工場（Soho foundry）について，中川氏は次のように述べている。「新企業では従来の伝統的な経営政策は一擲され，工場施設・機械設備・生産諸工程・労働報償・原価計算における徹底的かつ組織的な変革が行われた。すなわち若いパートナーが新工場の科学的な組織と管理に全力を挙げたのである」中川敬一郎「イギリス産業革命―― 三，ボウルトン－ウォット商会，1775－1805年」『資本主義の成立』所収（経済学新体系Ⅺ）185～186ページ。なお，ボウルトン－ウォット商会およびソホウ鋳造工場の経営に関しては，中川氏の同論文，および同論文に紹介されている Erich Roll, *An Early Experiment in Industrial Organization, being a History of the Firm of Boulton & Watt*, 1930. T. S. Ashton, *The Industrial Revolution*, 1760～1830, 1947アシュトン『産業革命』中川敬一郎訳（岩波文庫）などの研究がある。
(4) テイラーの著作のうちで主要なものは，*A Piece-Rate System, being a step toward partial solution of the labor problem* (1895), *Shop Management* (1903), *The Principles of Scientific Management* (1911)であり，邦訳・テイラー『科学的管理法』上野陽一訳（産能大出版部）には，それぞれ「出来高払制私案」「工場管理法」「科学的管理法の原理」として訳出・収録

されている。

(5) 「テイラーはたんに経営管理職能の存立を意識したのみならず,さらに,その重要性を正当に自覚し,従来の管理制度を鋭く批判して,みずから新しい制度の確立に努め,これによって生産の経営的合理化を強調したのである。すなわち彼は,従来の制度を成行き制度(drifting system)とよんでこれを排斥するのであるが,その欠陥として彼の指摘しているものこそは,課業制度の欠如である」藻利重隆『経営管理総論』(第二新訂版)85ページ。

(6) 藻利重隆教授はテイラー・システムについて,次のように述べている。「テイラー・システムは近代的経営管理の1つの代表的制度である。その本質は課業管理制度,すなわち時間的経営管理制度をなすことにあるものと解せざるをえない。そして,このように解せられるかぎりにおいて,われわれはその経営学的意義を見出すことができる。もとより,今日の経営管理は課業管理につきるものではない。しかし,課業管理が経営におけるいわゆる生産管理の重要な制度の1つであることはこれを否定しえないであろう」藻利重隆,同書,89〜90ページ。

(7) ファヨール『産業ならびに一般の管理』(佐々木恒男訳・未来社刊),21ページ。

(8) ファヨール,前掲訳書,42ページ。

(9) W. H. Newman, *Administrative Action*, 1951, Chap.1. 高宮晋監訳『経営管理』4ページ。

(10) H. Koontz & C. O'Donnell, *Principles of Management ; An Analysis of Management Functions*, fifth edition 1972. pp.46-47. なお,クーンツの最近の著書は,planning, organizing, staffing, leading, controlling の5つの職能を中心に構成されている(H. Weihrich & H. Koontz. *Management, a global perspective,* Tenth edition, 1993)。

第2節　管理職能の分析と再構成

1　計　画　設　定
(1) 計画の意味

およそどのような種類の組織においても，経営者・管理者の仕事の内容には共通性がみられる。企業でも，病院でも，官庁でも，そうした組織のなかで，管理者が担当している仕事の内容には，「計画を立てる」という仕事があり，また，「組織する」という仕事があり，さらに，計画にもとづいて実施状況を「統制する」という仕事がふくまれている。

これらの仕事は，しばしば管理の基本職能と呼ばれており，この基本職能を作業職能と別個のものとして認識するところから管理論は出発している。

計画という仕事は，正確には計画を立てる（planning）活動であり，その活動の結果が計画（plan）として，計画書等に表現される。計画を立てることは，「行動を予定する」ことであって，将来のあるべき状態の設定と，この目的に到達するための手段，および目的と手段との関係を形成することを意味している。この行動を予定する作業は，一定のプロセスからなっている。それは，a 問題（目的）を明確化すること → b 問題解決のためにいくつかの代替案を発見したり，開発すること → c それらの代替案，すなわち手段を採用した場合の結果を予測すること → d 各代替案すなわち手段を，目的の観点から比較したり，評価すること → e いずれかの代替案を選択し，最終的に決定すること，などの過程から成り立っている。

これらの計画活動の過程は，意思決定の過程を意味している。管理職能を担当する人びとは，この計画活動の第1のステップから，最終的な決定までをできるだけ速く，適切に行うことが上位者や部下，関係部署または外部の利害関係者から要請される。企業の規模が小さく，経営管理が専門化したり，複雑化していない小企業では，経営者・管理者は計画活動のすべての段階を，個人で担当することが可能である。しかし，企業の規模が拡大し，経営管理の職能が

専門化，複雑化してくると，計画活動のすべての段階を1人で担当することは困難となる。

このように企業規模が拡大してくると，計画は先に説明した5段階に分かれ，経営者・管理者はこの最終的決定の段階だけを担当し，それまでの段階は，これをスタッフ（staff）に担当させるという機能上の分化が生じてきた。

計画活動が企業規模の拡大に伴う経営管理の専門化，複雑化によって分化し，そこにスタッフが生成することになる。[1]スタッフとは，参謀の意味であるから，実戦に参加しないで作戦を立てる人びとを指している。企業の組織においては，命令系統に配置されて，そのなかで決定権と命令権を行使し，またそれによって執行活動を担当する人びととの系統をライン（line）と呼んでいる。ところで，経営者・管理者をはじめ，この命令系統のなかの意思決定や命令，さらに命令にもとづく執行活動にたいして，ラインの外側からラインに対して援助・助言・勧告などの機能を担当する部門や個人がスタッフである。

スタッフのラインに対する援助や助言・勧告機能の内容には，調査，研究，企画，指導，などいろいろなものがあるが，それらは，常にラインを対象としているところに特徴がある。

(2) 計画の種類と階層

管理者が計画を立てる場合，計画そのものには，性質の異なるものがあることを理解しておく必要がある。

計画と呼ばれるもののなかには，いったんそれが立てられると，反復的に使用される計画（standing plan）がある。むしろ，問題が生ずるたびに判断するよりも，同じ状況の場合には，いったん立てた計画をくりかえし使用することによって問題を処理するために，このような反復使用計画が立てられる。この種類の計画のなかには，方針，目的，手続，規則などがふくまれる。これらの計画は長期にわたって企業内の組織や，個人の行動規準となることから，考え得るあらゆる事態を想定しなければならないであろうし，また企業の環境変化に伴い，企業のおかれている状況が著しく変化してきた場合には，このような反復使用計画を検討し直し，新しく計画を立案しなければならない。社会環境

が変化したり，企業内の環境が変化しているにもかかわらず，環境に適合しがたい方針，目的，手続，規則が反復使用されれば，企業の行動に対する批判が組織の内外から提起されよう。

　反復使用計画に対して1回しか使用されない計画がある。すなわち，1回使用計画には，各種のスケジュールや，工場建設計画などのほか，一般に個別計画の多くは，個別の問題が解決されれば計画はそれ以後使用されない。このように，管理者は計画立案を担当するにあたってその計画が上記のいずれの計画であるかを考えておくことが必要となる。

　企業内の組織は，いくつかの階層を形成している。計画は，これらの階層に従って分類することもできる。企業内の階層をみると，トップ・マネジメント層と呼ばれる階層があり，これは，取締役会と，全般管理者（general management）たる社長から構成されている。本来，広義の計画のなかにふくまれる基本方針や経営方針は，取締役会において決定されるべきものである。実際には，わが国では社長や常務会において決定される場合が多いが，企業の経営理念ならびに行動の綱領を内容とする基本方針と，経営の戦略，すなわち企業の事業分野の決定や，合併・企業規模の計画などをふくむ経営方針は，会社制度のうえから考えれば，本来，取締役会の決定事項である。

　広義の計画のなかでも，このような基本方針と経営方針が取締役会で決定され，この方針にもとづいて利益目標や総合予算が決定される。利益目標や総合予算は，全般管理計画（general management planning）とも呼ばれるもので，これは社長によって決定される[(2)]。もっとも，全般管理者たる社長個人でこのような計画を決定することは困難であるから，企業規模が大きい場合には，社長室や企画室などのゼネラル・スタッフ（general staff）が，これらの計画の最終決定を残したほとんどの過程を担当している。

　このように，上層部から現場に至るまでの，組織の階層性に従って広義の計画の主なものを順次列挙してみると，まず方針，目標，予算，手続，規則，標準，スケジュールなどがあげられる。

　しかも，これらの計画は，それぞれ性質を異にしており，まず，上位の階層

で立てられる方針は抽象的，理念的であるのに対し，目標や予算は，計数的であると同時に，期間性を持っている。また，手続，規則，標準，スケジュールなどの諸計画は，きわめて具体的であり，これらにもとづいてただちに業務が実施できるような形で示されるものである。

2 組 織 編 成

(1) 組織編成の課題

管理職能は，計画につづいて計画された行動を実施に移すために，組織化（organizing）と呼ばれる職能がうまれる。組織化という仕事は，組織目的を達成するために人びとをいくつかのグループに編成し，職務を割り当てることであるが，これは，次の3つの課題から成り立っている。

すなわち，組織化とは，(a)水平的な分化をはかり，いくつかの部門を編成すること，(b)垂直的分化をはかって階層を編成すること，(c)権限と責任を配分し，明確化することを意味している。組織目的は，個人がばらばらの状態では達成できないから，なんらかの構造を持つ公式組織（formal organization）を編成しなければならず，そのためには，組織の構造について水平的関係と垂直的関係を編成しそれぞれの位置に，権限と責任を明確に配分するという仕事が必要となる。この仕事が組織編成にほかならない。

計画がいかに精緻に立てられても，その計画に示された目的や行動を実現するための組織が適切に編成されなければ，計画は，実現しがたいであろう。計画を実現するには，遂行すべき各職務を定めるとともに，職務相互間の上下，水平関係が明確にされていなければならない。これが明確でなければ，命令系統は混乱し，予定された行動は実行に移せない。

組織化には，上に述べたように3つの課題がふくまれるが，まず水平分化，すなわち部門化の問題から考えてみよう。

(2) 部門と階層

企業をはじめ，官庁，学校，組合，その他あらゆる組織に共通することは，その組織のなかに，水平的に分かれたいくつかの部門が編成されていることで

ある。たとえば，部のレベルや，課，係，班，委員会などそれぞれの水平的レベルに性質の異なるものが編成されている。部でいえば営業部，製造部，経理部というように，課でいえば営業1課，2課，3課というように編成されている。

　このような部門編成は，組織目的を達成するうえで，専門的に異なる内容のものは，それぞれ異なるグループが担当するほうが適切である，という専門化の原則にもとづくものである。ところで，こうした専門化の原則によって水平的分化を行う場合に，まず提起される問題は，水平的分化をいかなる基準にもとづいて行うかということである。

　管理者にとっては，どのレベルで，どんな基準によってグループ化したらよいかという問題は，組織化の最初のステップで直面する課題である。

　部門化の主な基準としては，(a)製品，(b)地域，(c)顧客，(d)職能などの基準がある。

　製品別による部門化は，A製品事業部，B製品事業部という形で行われたり，また，営業部や製造部のなかに石油課，化成品課という形で編成されたりするし，百貨店などの売場もこの基準によっている。

　地域別という基準は，東京支店，大阪支店，あるいは東京営業所，名古屋営業所など，支店や営業所の編成をはじめ，地域別事業部制の基準にもなるのである。

　顧客別の基準は，顧客の種類によって部門編成を行うもので，証券会社における事業法人部，金融法人部や，流通業者が営業部内に百貨店関係，一般小売店関係，代理店・販売店関係をそれぞれ営業1課，2課，3課と編成する場合もこの基準によっている。

　職能を基準とした部門編成の典型は，部の段階を営業部，製造部，経理部などに編成する例で，事業部制をとらない企業はほとんどこの職能別部門となっている。また，課，係，班などのレベルにおいても，人事課，経理課，庶務課という形や，原価係，工程係など，職能による区分は組織の各階層で広く行われている。

部門編成にあたって，現実の業務活動が現在の部門化のもとで適切に行われているかどうか，係，班，チームなどのレベルの分け方が仕事の一部への集中や偏在を生じていないかどうか，また命令系統や業務上の連携について問題が生じていないかどうか，部門化の方法とメンバーの意欲，満足度などを観察し，意見を求めて分析することが必要であり，このような情報，意見を収集し，分析したうえで，適切な部門化の基準を採用することが望ましい。

ところで，部門編成において，組織の第1階層ともいわれる「部」の段階で製品別に分けるか，職能別に分けるかによって企業は事業部制組織と，職能別部門組織という基本的に異なる組織に分かれてくる。

組織化には，部門編成とともに，垂直的分化，すなわち階層化という課題がある。いかなる組織においても，組織はある階層性を持っている。

この階層をどのような構造に編成するかは，監督の範囲（span of control）といわれるものと深い関係を持っていることに注意しなければならない。監督の範囲とは，1人の管理者・監督者が何人まで管理，監督できるか，または，するかの範囲であって，一般的にいえば，監督の範囲が広ければ，階層は短く，その範囲が狭まければ階層は長く編成されるという関係にある。したがって，管理者・監督者のもとに何人を配置するか，また何人まで管理できるかを確定することが階層を長くもするし，短くもするのである。

監督の範囲に影響を与える要因としては，(a)管理者・監督者および部下の能力，(b)メンバーの担当している職務内容などがあげられよう。このような監督の範囲に影響を与える要因は，組織編成にあたって階層の長短に作用する要因でもある。

階層が長いことによって階層の上から下へ，下から上への命令・伝達・報告などの情報が不正確になりやすいことと，遅れが生じやすいことが問題となる。たとえば，工場における事故発生や，住民からの苦情などのマイナスの情報は，現場層から層の厚い管理階層を通ってトップに報告されるまでに，政治的加工や修正による情報の濾過を受けやすいといわれる。管理階層のなかで，保身や責任回避の傾向が強ければ，マイナスの情報は，たとえば発生した事故の規模

や住民の苦情件数などが小さく修正され，事態の重大性はトップに正確に伝達されないという危険がある。また命令・伝達・報告がいくつもの管理階層を通って受理されるまでに時間がかかれば，情報の遅れによって，問題の解決が遅れるという危険も生ずる。

このような階層の長さから生ずる弊害が，組織の内部に発生していないかどうかの点に留意して組織の階層化を考えていかねばならない。

3　権限と責任

組織化という仕事のなかには，権限と責任を明確化するという仕事がある。かりに，上記のように水平的分化が適切な部門編成基準によって行われ，また，垂直的分化が理想的な階層化の形で編成されたとしても，それらの組織内の各部門や個人に，いかなる権限と責任が付与されているかが不明確であれば，その組織は，目的達成に向かって行動を開始することができず，命令系統も乱脈となるだろう。

このように，権限と責任の明確化という仕事は，組織編成においてきわめて重要な意味を持つのである。

(1)　権限の源泉

組織のなかの権限とは，いったい何を意味するか，またそれはいかなる根拠（源泉）から生じたものかを考えることにしよう。

権限（authority）とは，決定，命令し，実施する権利（right）であり，他人を拘束する力（power）であると考えられる。このような権限の源泉について，これまで次のような諸説がある。

　　　a　権限法定（委譲）説
　　権限は，もともと所有者にその源泉があり，組織内のあらゆる権限は，この所有者から順次委譲されてきたものであるという考え方である。(3)事実，会社制度においては，会社の所有者たる株主が株主総会で取締役を選任し，業務執行上の意思決定権は株主から取締役会に委譲されている。また取締役会は代表取締役を選任し，これに執行権限を委譲し，社長は部長にというように所有者たる株主から順次，権限

は委譲されてきている。現行の会社法は，この考え方に立っているといわれる。

　b　職能権限説

　これは，あらゆる組織内の権限は，職能にもとづいて発生したものであるとの考え方である。(4)職能は，それがどのような種類のものであっても，職能遂行上，権限は不可欠であって，職能には必ず権限が付着しているというのがこの考え方である。販売という職能を担当するものは，顧客を選択し決定する権限を持っているし，また，このような権限なしに販売という職能を担当することはできないであろう。

　c　権限受容説

　バーナード（Barnard）の説く権限論で，権限は，部下が受容（accept）して，はじめて有効となるという考え方である。(5)このような考え方からすれば，命令権の行使において，その命令は部下が受容し，受諾できる範囲のものであることが要求される。この理論は，権限は上から与えられるものではなく，むしろ下位者の受容によって生ずるものであり，権限の源泉は下位者の受容にあり，したがって，上位者の有している権限の範囲も下位者の受容の範囲によって決まるとするのである。

　このような権限の源泉に関する諸説は，いずれも権限のもつ3つの側面をそれぞれ把握したものと解すべきであろう。すなわち，権限は会社制度上は，株主から委譲されるという側面を持ち，権限は常に職能に付着しており，それは，また組織のなかの下位者に受容されなければならないという性質を持つのである。

(2) 権限の委譲と責任

　権限の委譲に伴う責任の関係，および責任の種類について考えてみよう。

　いま上位者が，その権限の一部を下位者に委譲した場合，委譲者と被委譲者との間の責任関係は次のようになる。

　上位者は下位者に権限を委譲したとはいえ，それは執行権限を委譲したのであり，管理権限（監督権限）は委譲されない。したがって，上位者は管理権限にもとづく管理責任を留保しており，下位者は執行権限の委譲により，職務執行責任を委譲されたことを意味している。また下位者にはこの権限の執行状況および結果を上位者に報告する報告責任が生じている。これを要約すると，責任には管理責任，職務執行（実施）責任および報告責任があり，管理責任は委譲されず管理者のもとに留保されること，下位者には職務執行責任と報告責任

が付与されるという関係になる。

　組織の編成にあたっては，このような権限と責任の関係を明確にすることが必要であり，組織は，その階層や部門が，それぞれはっきりした権限責任関係によって連結されていることが必要である。

　権限と責任を配分し，明確化しようとする場合に，権限の集権化と分権化という問題が提起される。集権化（centralization）というのは，決定権および命令権を組織の特定の個人，または部門に集中する権限配分の方法である。これに対して，分権化（decentralization）というのは，権限を下位の階層や部門，または個人に委譲することをいい，それはまた各組織単位に自立性を付与しようとする方針ということができる。

4　統制とその問題

　計画，組織につづいて，統制もまた管理職能の1つである。

　統制というのは，計画された組織目的に向かって，実際の組織的行動が行われる場合に，計画と実績との比較評価を行い，活動を修正する機能を指している。

　それゆえ，統制といわれる機能には，①標準の設定，②標準と実績との比較，実績の評価，③活動の修正，という3つの段階がふくまれている。予算統制，原価統制，在庫統制といわれるように，統制は，経営活動のあらゆる領域において行われており，統制職能なしに管理活動を行うことはできない。

　統制職能について留意すべきことは，第1に，測定可能な，適切な標準や目標を設定することであり，第2に，活動の実績に関する正確な情報や，資料が統制部門に迅速に収集されるようにすることである。第3に，統制活動が機動的に行われるように，標準と実績との比較や，差異分析値がスピーディに算定され，活動修正が機動的に開始されるような統制のシステムを設計することである。活動修正の指示や命令が遅れることの危険は，説明するまでもないことである。

　企業の管理活動のうち，統制職能については，標準が明確に設定されている

場合には実績資料の収集,標準との差異分析,修正という一連の機能は機械化し,自動制御装置によって行うことが容易である。そのため,統制職能は,企業内でコンピュータにその機能を担当せしめる例も多い。その結果,統制の質的高度化と,機動化の推進が可能となるのである。

統制職能は,先にも述べたように計画,組織とならぶ管理職能の1つであるが,この職能の遂行にあたって提起される問題と,その解決方法について考えてみることにしよう。

統制の第1ステップは標準設定であるが,この標準の設定いかんは,組織のあらゆる活動や成果に重大な影響を及ぼすことに注意しなければならない。たとえば,管理者や管理部門が,執行活動や現場の実態を的確に把握することなしに,一方的に標準を設定することはもっとも危険な方法である。標準は客観的な合理性を持ち,作業段階のメンバーからみても十分受け入れられるような適切なものであることが要求される。

このため,在庫,原価,生産,時間などをはじめ,いかなる領域に標準を設定する場合でも,過去および現在の実績データを十分に収集し,注意深く分析し,たとえば生産,時間などにたいする標準設定の場合は,とくに設備,機械の能力,作業担当者の能力を正確に把握し,しかも作業担当者から意見を聴取することが必要である。また,標準設定にあたって,担当者自身が標準設定についての原案を作成し,積み上げていくという方式も,標準の設定される領域によっては可能であり,望ましい方法であるといえる。

統制活動の第2のステップは,実績の測定および標準と実績との比較評価であるが,この場合,実績データの正確性,データ収集の迅速性は統制活動にとって不可欠の要件である。データが不正確で,その収集がたえず遅れる場合には,活動の実態,または現状の把握が適切に行われていないことを意味しているから,適切な意思決定はとうていできない。したがって統制の担当部門またはその担当者は,現状の実績データの点検と,収集,集計に要する時間の点検を行うことが必要である。

統制活動の第3ステップは,修正活動である。修正活動の必要性の有無,お

よびそれが必要であるとしたら，いかなる修正活動が必要かという問題は，統制職能のなかでもきわめて重要な意思決定である。これは，物量的または貨幣的な標準に対して実績がどのような水準にあるかのデータにもとづいて行われるものであるが，それは，原則として標準に実績を一致させるような修正活動の決定を内容としている。したがって，標準に対する実績水準の段階ないし程度を設定しておき，それに対応したいくつかの修正活動の具体的な措置を，あらかじめ準備することが出来れば修正活動の自動化が可能となる。しかし，標準に対して実績水準がつねに大幅に乖離する状態が持続する場合には，実績よりもむしろ標準自体があらためて検討されなくてはならない。

統制活動では，また標準それ自体に，どのような要素または項目を選択するかも重要な問題であり，標準となる要素または項目をより本質的な要素に集中していくこと，非本質的で意味の乏しい要素は，標準から除外していくことを追求することも必要である。

5 管理職能の再構成

われわれは，管理職能のうち，計画，組織，統制のそれぞれについて考察したが，これらの職能のなかには，つねに共通して生起する機能があることもみのがしてはならないであろう。それは，次の3つである。

a 問題を分析すること
b 意思決定を行うこと
c コミュニケーション

これらの3つの機能は，共通的なまたは持続的な機能の性質を持っている。なぜならば，これらの機能は，特定の職能のあとに，結果として生起するものではなく，管理過程全体を通じて，これらの3機能が必要とされているからである。たとえば，多くの「意思決定」が，計画過程にも，組織の過程にも，また統制過程にも行われていることをみれば十分理解されるであろう。同じように，計画，組織，統制のいずれの職能の遂行においても，「コミュニケーション」という機能が必要であり，また管理過程全体を通じて，「問題を分析す

る」という機能が遂行されている。このように，上記の3機能は，管理職能の全過程にひろがっているゆえに，これらは共通的，持続的な性質を持つものと考えることができる。

　これに対して計画や組織および統制という職能は，一般に継続して，または結果として生起する職能である。まずはじめに，いかなる目標ないし目的を設定するかという問題に対して，計画職能が生まれ，この計画の実施のために組織化という職能が生まれる。組織することの意味は，公式組織の編成により仕事を管理可能な単位に分化することであるが，この組織職能につづいて人員の整備が必要となる。これは仕事に適した人びとを選択することであり，次に人びとを一定の目標に向かって行動させる指導または方向づけという職能が生まれる。管理職能の最後の段階が統制である。これは計画に対比して実績を測定することを主な内容とし，再計画の活動へと連結する。こうして反復されるプロセスとして，ふたたびマネジメント・サイクル（management cycle）の出発点にもどるのである。しかも，これらの全過程を通じて，先に述べた「問題の分析」「意思決定」「コミュニケーション」の機能が遂行されるという関係になる。

　マッケンジー（R. Alec Mackenzie）は，指導的な立場にある多数の専門家および学者・教師の著書・論文を検討して，管理職能の内容とそれぞれの相互関係を次ページのようなダイヤグラムで示している。[6]

　この図は，管理過程を構成するいろいろな要素，職能，活動を表わしたものである。中心には人間，アイディア，事象があり，経営管理は，この3つの要素について行われる仕事である。アイディアは構想的思考を要求し，事象は，アドミニストレーションを，人間はリーダーシップを要求する。次に問題の分析，意思決定，コミュニケーションの3機能があるが，これらの機能は，管理職能の全過程にひろがる共通的な機能である。計画，組織等の職能は，他の職能の結果として生起する職能であり，図では帯の流れにそって示されている。管理者が，これらの職能のどれに関心をいだくかは，自分自身の職位や，自分ともっとも関係の深いプロジェクトの進行状況などの各種の要素によって左右

第6章 経営管理と組織

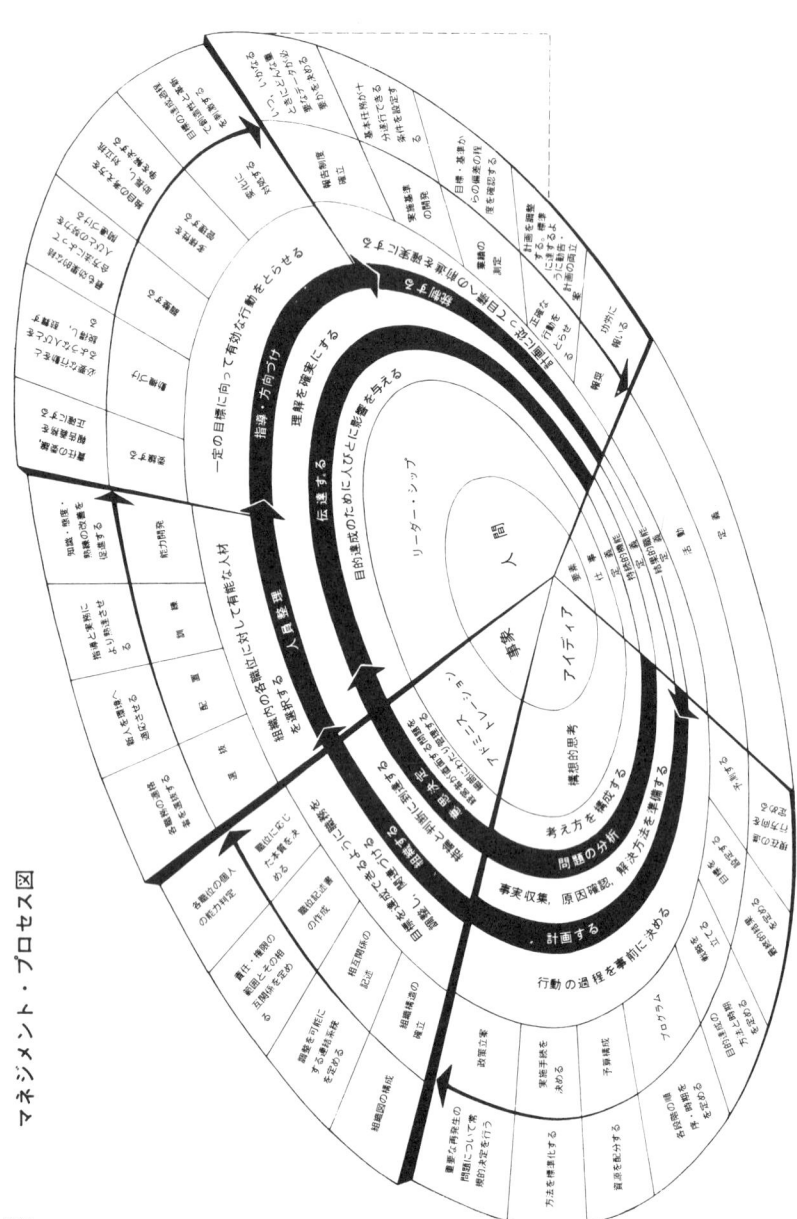

マネジメント・プロセス図

第2節　管理職能の分析と再構成

される。管理者は，つねに自分がおかれている組織の状況を理解しなければならない。経営者・管理者がいま，1つの仕事に集中する場合に，もっとも重要になる活動が，中心から外の帯に示されている。

（注）
(1) 「アメリカの企業における広範なスタッフの利用は，20世紀に入ってから，とくに1929～32年の大恐慌以後に展開された」と，クーンツとオドンネルは述べている ── H. Koontz & C. O'Donnell, ibid., p.310. かれらによると，スタッフを必要とするようになった背景として，大恐慌以後，計画と統制が重視され，そのための情報の必要性，複雑化する労使関係，政府規制の拡大，税法に関係する困難な法的会計的な諸問題の提起を挙げ，しかもスタッフの利用が，いずれも複雑で広範囲な専門的情報を必要とする大企業の成長によって促進されたことを指摘している。
(2) 全般管理計画について，山城章教授は，①上位の経営方針を下に生かすものであり，②計画，組織，統制の機能全体の統一性を持つこと，③期間性を有すること，④価値計数性を持つこと，⑤部門相互の総合調和性を持つことに，その特徴があるとしている ── 山城章『経営学原理』（白桃書房），219～221ページ参照。
(3) クーンツとオドンネルは，民主的な政治形態のもとでは，管理にかかわる権限の基盤となっている権利の第一義的な源泉は，私有財産を保障する憲法に存在するといい，憲法をはじめとする各種の法律は，権限が所有者へ，そしてさらに経営者へと流れていく源泉になっていると説明している ── ibid., p.58.
(4) 職能説を代表するものとして高宮晋教授はフォレット（M. P. Follet）を挙げている（高宮晋『経営組織論』111～6ページ参照）。なおフォレットの存命中の講演記録が，彼女の没後遺稿集として刊行され邦訳されており（アーウィック編・藻利重隆解説・斉藤守生訳『フォレット経営管理の基礎』），そこでは次のように述べられている ──「権限は機能に附随する。人が仕事を担当しているとき，彼は権限を所有しているのである。仕事が他のだれかに移ったとき，権限も仕事と共に移ってゆく。権限は仕事に附随し，仕事と共にあるのである」（同訳書，92ページ）。
(5) バーナードは次のように述べている ──「権限とは公式組織における伝達の性格であって，それによって組織の貢献者ないし構成員が，伝達を，自己の貢献する行為を支配するものとして，すなわち，組織に関してその人がなすこと，あるいはなすべからざることを支配し，あるいは決定するものとして，受容するのである。この定義によれば，権限には2つの側面がある。第1は主観的，人格的なものであり，伝達を権威あるものとして受容することであり，……第2は客観

第6章 経営管理と組織

的側面 —— それによって権限が受容される伝達そのものの性格 —— である……」C. I. Barnard, *The Functions of The Executive,* p.163. 邦訳『経営者の役割』山本・田杉・飯野訳，170〜171ページ（ただし訳書によらない訳語を使用した箇所あり）。

(6) R. A. Mackenzie, "The Management Process in 3-D" *Harvard Business Review*, November–December 1969. 菊池敏夫訳「3次元でみるマネジメント・プロセス」『マネジメント』（日本能率協会），1970年5月号54〜56ページ。

第3節　経営管理組織の構成

1　経営管理組織の形態

　経営管理組織の具体的な編成の形態は，それぞれの企業の規模，企業活動の内容等の特殊性によって異なるが，これを一般的に示すと，ライン式組織，ライン・スタッフ式組織，職能組織，委員会制度の4つの基本形態に分けてみることができる。

(1)　ライン式組織

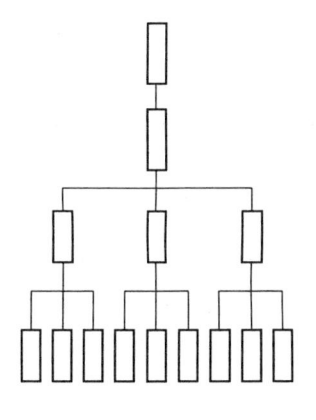

　ライン式組織（line organization）は直系組織といわれ，企業において管理者と作業者との関係が直線的に，いわば直結しており，直接の上級管理者に対してのみ責任を負う管理組織である。具体的にいえば数個の作業場の作業者をひきいる職長があり，職長の上に部長があってさらに各部長を統轄する工場長，経営者がある場合，この階層性が同時に作業の計画，組織，統制を行う管理の組織をなしているところに特徴がある。従って作業の単位が同時に管理組織の単位をなしているといえる（第1図参照）。ライン式組織においては管理のために特別の組織が設けられていない。上級管理者は，下級管理者に対し命令の形式で，管理上の基準を指示し，下級管理者は命令の範囲内において，さらに次の下級管理者の行為を計画し，組織し，統制する。この管理組織にあっては，構成員の相互の関係がちょうど軍隊における上官と兵卒との指揮命令に似ているところから，この組織はしばしば軍隊式組織（military organization）ともよばれる。

第1図　ライン式組織

　この組織の特色は，指揮者と被指揮者との関係がきわめて簡単であり，容易に理解できるとともに，指揮者の権限が大きく，経営活動の統轄が容易となり，

その秩序の維持も比較的容易であるところにある。しかしこの組織は，上下の直線的な分化ははっきりしているが，経営内部の相互の水平的分化が行われていないから，小規模企業で，経営活動の内容が単純であり，従って指揮者が作業者の仕事の内容を十分に理解している場合は効果的であるが，大規模経営で企業活動が多岐にわたり，その内容が複雑高度化している場合には，指揮者の責任が過大となって，指揮，管理が不完全となる点，不適当な組織だといわれる[1]。しかしこの組織においてはとくに管理上の仕事を合理的に組織することを目的とした別個の管理組織があるわけではなく，従って原価の点からみると複雑な管理組織に必要とされる間接費の支出が節約される。

(2) ライン・スタッフ式組織

ライン・スタッフ式組織 (line and staff organization) は参謀式組織ともいい，また直系参謀式組織ともよばれる。この組織は，ライン式のみでは不十分な専門的事項に関する計画と統制の職能をスタッフ部門に担当させようとするものである。すなわち企業規模が拡大し，企業活動の内容が複雑化するにつれて，経営者の専門的知識を補足し，管理職能を分担するため，企業内部または外部の専門家をスタッフとした補助機関の設置が必要となってくる。この意味において，この組織は管理職能の専門的分担への1つの過程であるということもできる。企業活動が拡大し，その内容が複雑化すると，作業部門は作業の進行に必要な調査，企画，研究などを行う時間や機会を持ちえなくなるし，一方，経営者の知識は広範囲にわたる管理職能に対して限界があり，そこで作業部門と企画計画部門であるスタッフ部門とに分化する。このスタッフの機関はその形態から大体2つに分けることができる。個人スタッフと部門スタッフがこれである。個人の場合は社長補佐，部長補佐（代理），課長補佐（代理）という形で，部門の場合は，調査室，企画部，統制室，管理本部といわれるものにみられる経営活動

第2図　ライン・スタッフ組織

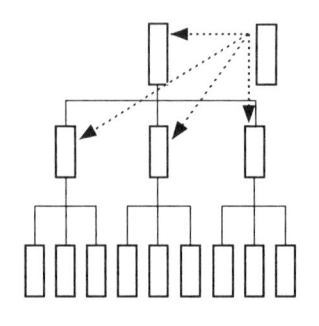

第3節　経営管理組織の構成

の総合的計画，総合的統制の職能を持つゼネラル・スタッフ（general staff）と，人事部，経理部などのように特定の分野についてスタッフ職能をもつものとがある。

　この場合，人事部，経理部などは，実際の経営組織においては，その職能を遂行するためには単なる助言的性格のスタッフ権限にとどまることができないで，特定の職能領域において，一定の手続方法について，ライン部門や他のスタッフ部門に対して指示の権限を持ち，職能的統制関係を持つことが多い。

　スタッフ組織は前述のライン組織の補強策として取り入れられるわけであるが，指揮命令権はライン組織にあり，原則としてスタッフ部門にはないのが普通である。従ってラインとスタッフとの間の協調に関してときには困難な問題を生ずるとともに，スタッフ部門の発言力のいかんによっては，指揮命令の統一性を妨げることもあることは，その欠点である。なお，スタッフ部門の設置によって，原価の面からみて間接費の増大を伴うことはさけられない。

(3)　職能組織

　職能組織（functional organization）は，テイラーが従来の直系的組織の欠陥を指摘して，これに代わるべきものとして提唱した管理組織であり，この組織では，命令は各職能ごとに，それぞれの職能分野について発せられることになるから，命令は直線的にではなく，多角的に出される。下位者は上位者から包括的に命令されるのではなく，職能的に分化されている複数の上位者から，それぞれの職能に関して，その数だけの命令をうけることになるのである。

第3図　職能組織

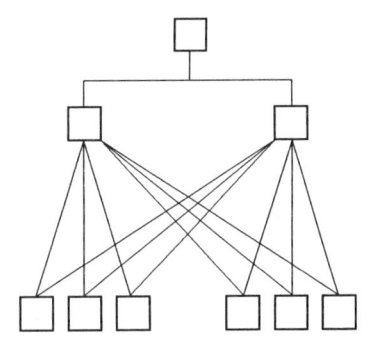

　この組織の特色は，経営職能の水平的分化によって，各指揮者のそれぞれの担当する仕事が専門化されるから，仕事の熟練が容易となり，従って各指揮者の養成が短期間に行われることである。また各指揮者の権限と責任の範囲が明

確化され，その結果，作業者に対してばかりでなく，各指揮者についても，それぞれの課業の設定が行われる。またこの組織の欠点と考えられるものは，各機能の水平分化が行われるようになると，経営全体としての統合がむずかしくなり，指揮命令の一貫性を欠きやすいし，また各指揮者が専門化されてくるにつれ，間接費が増大する点などがあげられる。

(4) 委員会制度

委員会制度（committee organization）とは，主要事項の決定を，すべて委員会の協議にまち，その決定に従って経営活動を管理する組織形態である。ただし委員会で行われた決定は，スタッフ式組織の場合のように執行機関に対して助言的性質を持つのが普通であるが，ときには委員会に対し執行上の権限が与えられることもあり，こういう場合には委員会の決定は経営管理上もっとも重要な意味を持ってくる。委員会に割当てられた管理職能の種類によって，委員会の性格を分類すると，政策委員会，計画委員会，調整委員会，統制委員会，などに分けられ，さらにこれを権限の種類によって分類すると，決定委員会，執行委員会，調査委員会，諮問委員会，情報委員会などがあげられ，その協議，決定の内容について分類すると，生産委員会，財務委員会，販売委員会，人事委員会などがある。

この制度は単独で行われることはなく，ライン・スタッフ式組織と同様に，他の管理組織に併用してこれを補強し主として専門的に分業化した各経営職能の横の連絡を図ることを目的としている。それゆえ，たとえば生産委員会は生産管理や原価引下げについて，製造部，販売部などの各部門代表者が委員として参加，協議し，また販売委員会は製品の販売に関する問題を協議する委員会であるが，これには販売部の代表の他に製造部，財務部の代表も委員として参加し協議するというように，分化した各専門部門の相互の協議を通じて，経営全体としての連絡統一を図り，それによって管理組織として統合を図ろうとするものである。この委員会制度では，委員が適任者であること，委員数をあまり多くしないこと，委員会の開催度数を適度にすることなどの考慮が必要である。

2 集権化への反省

　企業における経営管理は，はじめ現場における生産管理として発展し，それから各部門管理へ，さらに総合管理へと展開してきている。すなわち各部門管理を企業全体の観点から調整することがきわめて重要な問題となってくる。企業の全活動の一部を担当しているにすぎない部門活動を，全体としてまとめ，統合化するという重大な責任が，総合的管理には課せられている。しかもこの総合的管理はトップ・マネジメントが担当するものであるから，トップの責任は，企業規模の拡大，経営活動の複雑化にともなって，ますます重視されることになる。ところがトップ・マネジメントの重要性が増大してくると，それにしたがって，ともすれば最高経営者のもとにできるだけ多くの権限を集中化してゆく傾向が生ずる。しかもこうした傾向は，企業が大規模化するにつれて，ますます顕著となってくる。その結果，そこでは最高経営者による独裁的ならびに官僚的な管理形態が形成されることになる。

　しかし，このような最高経営者による中央集権的な管理方式によったのでは，各部門活動がいたずらに拘束されることもまた否定できない。そこで企業における機動性とか弾力性はまったく失われ，企業の経営活動はとかく固定化しがちとなる。いいかえれば適切な活動を敏速に行うことは，この場合にはもはや，ほとんど不可能となってくる。ここに，これらの集権管理の欠陥を排除することによって，経営のより一層の合理化を図るために，従来の集権管理方式に代わって，新しく問題とされるに至ったものこそ，分権管理方式にほかならない。

3 分権的管理組織

　経営管理の分権制に関連して，ドラッカー（P. F. Drucker）は，連邦的分権制（federal decentralization）と機能的分権制（functional decentralization）との2種の分権管理形態を指摘している。前者は製品別・地域別の組織形態によるものであり，後者は，機能別の組織形態によるものであるが，いずれにしても，集権管理と分権管理の本質的な相違は，結局，各組織単位にたいして自立的な責任が与えられているかどうかであると考えられる。それはまた，諸活動

の遂行にとって必要な意思決定に関する権限が最高経営者のもとに留保されるか，あるいは体系的・包括的に下部の組織単位に委譲されているかによると考えてもよい。もちろんこうした権限の委譲にあたって，仕事の遂行に対する責任とともに，その実施結果に対する責任が伴わなければならない。前者が責任（responsibility）といわれ，後者が報告責任（accountability）といわれるものである。このように分権管理は，各組織単位に与えられる権限および責任の内容によって規定される。集権化の持つ欠陥の是正策として，分権的組織が採用されるが，分権管理は資本の調達と支出などの財務権限，製品価格の幅および労働協約などの事項に関しては中央にその権限を集中しており，従ってそれは各部門の自立性の賦与と，財務的中央統制を基本とする管理組織であるということができる。

集権管理に対する反省から，各部門管理者にできるだけ自主性と決定権限を与える分権管理の組織が考え出されたわけであるが，分権管理は管理権限を大幅に下部へ委譲し，各部門を独立採算制のもとにおき，部門経営者の業績は，その部門の成果によって判断される組織である。この組織のもとでは，各部門経営者は真に経営者として，部門成績の向上に創意と責任を持つことになる。分権管理における権限の委譲は，第1に，上級経営責任者が種々雑多な手続きに注意を払う時間の負担から解放され，第2に下級職員に委譲された権限から，だんだんと融通性が生じて，いちいち上層からの指示をまたなくても機動的に決定を下すことができる。第3に下級職員に対する権限の委譲は，仕事に対する関心と熱意を高める，などの長所があるといわれる。分権化実施の前提として，上は社長，下は各監督者に至るまで，どんな権限をそれぞれ，どの部下に委譲すべきかを決定しなければならない。また委譲の程度は，問題の性質によって一様ではないから，各々の場合において考慮される。

4　事業部制組織

わが国の大企業は，分権管理の組織を〈事業部制〉という各称のもとに採用するものが多く，製品別，地域別に分けた各事業部に生産，販売，その他の管

理部門が属して、事業部長にその製品に関する大幅な権限が与えられ、その製品の生産計画、販売計画は事業部門で作成されるといった形をとっているものと、そうでないものとがある。さらに独立採算制をとる場合もある。経営管理を効果的に実施するには権限を各組織に分散させることが重要であるという考え方にたって、現代の経営管理組織の基本的な方向は分権化に向かっているようであるが事業部制は資本の調達、支出などの財務問題、製品価格の幅および労働協約などの重要事項に関しては、中央にその権限を集中しており、従って、それは各事業部への自立性の賦与と、財務的中央統制を基本とする管理組織であるということができる。その意味で大企業の、しかも多角化した企業に相応した管理組織であるといってよい。

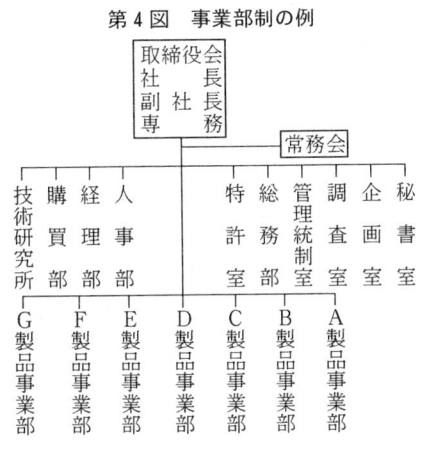

第4図　事業部制の例

取締役会
社長
副社長
専務

常務会

技術研究所　購買部　経理部　人事部　特許室　総務部　管理統制室　調査室　企画室　秘書室

G製品事業部　F製品事業部　E製品事業部　D製品事業部　C製品事業部　B製品事業部　A製品事業部

　事業部制の意義としては、いろいろの意義づけができるであろうが、通産省産業合理化審議会より出された「事業部制による利益管理」(1960年) では、事業部制の意義と利点という項目の中で「事業部制は、企業の諸経営活動を、それぞれ独自の市場および製品をもつ利益責任単位（プロフィット・センター）すなわち、独立採算的な管理単位にわけるとともに、その上にこれを統轄する本部を形成する分権的な経営管理形態である」としている。[3]

　このような事業部制による経営管理の分権化の利点としては、

(1)　この分権制は、経営意思決定の権限を必要かつ行われる場所にできる限り近くにおき、実情に即した、機動的決定を可能にする、

(2)　生産性向上に対する意欲を強化する、

(3)　製品の製造と販売について、その専門化、分業をすすめる、

(4)　この分権制においては、管理責任者の業績が明瞭に測定される、

(5) 事業部の幹部を経営管理の指導者として訓練することによって，未来における有能な経営幹部を育てることができる，

と指摘されている[4]。

これでも判るように事業部制の意義は経営意思決定権限の下部委譲にともなうモラールの昂揚，製品の販売・製造・技術さらに経理を一元化することによる方針のある事業活動の促進，事業部幹部のマネージャーとしての適格者の養成を挙げることができよう。

「事業部制による利益管理」においては「事業部制は権限を分散させた制度であるといっても，事業部は独立会社と異なって，それに完全な自主性が与えられるものでない」としてトップ・マネジメントが保留すべき権限として次のようなものを挙げている[5]。

1　全体的な基本方針の設定，総合的な長期経営計画および利益計画の決定
2　予算の最終的決定，予算外の個別計画の承認，一件一定金額を超え，あるいはその性質上重要な設備投資の承認またはその決定
3　事業部の本部に対する報告制度の設定（重要な決定事項および業績）
4　全社的観点からの事業部の業績評価および内部監査
5　高級人事
6　総合資金計画および基本的資金調達（資本調達，社債，長期借入金など）
7　全社的な組織計画
8　会計・原価計算・予算統制・内部監査に関する手続基準の制定および変更
9　全社的に調整を要する場合の価格方針
10　中央において外部機関と交渉し処理すべき事項。たとえば対外契約・労働協約・訴訟および税務など
11　その他全社的統制を要する事項，および系列事業に関する事項

また本部が集中的に行うことが有効であると認められる機能には，たとえば次のようなものがある。

㋑　研究開発

㊁　情報の収集および伝達

㊂　事業部内の各機能に対するコンサルティング

　トップ・マネジメントが留保すべき権限を本部諸スタッフ組織が分担し，事業部との権限・分業関係はいかにあるべきか，明確に決定することが必要であろう。
(6)

（注）
(1)　直系組織に対しては，組織原則から次のように評価されている ――「直系組織の長所は，それが〈責任・権限の原則〉ないし〈秩序化の原則〉に立脚するところに見出されるのに対して，その短所は，それが〈例外の原則〉ないし〈専門化の原則〉を軽視し，または無視しているところにあるものと見ることができる。直系組織の欠陥は，まさにここにあるのであって，このことのほかには，これをもとめうべくもない」藻利重隆，前掲書，448ページ。
(2)　わが国の事業部制がどのような形態で運営されているかについては，次表のとおり，製品別がもっとも多く，次いで市場・地域別の順になっている。

第1表　わが国企業における事業部制の種類

種類 \ 業種	機械金属		化学工業		軽工業		サービス業		合計	
	(社)	(%)	(社)	(%)	(社)	(%)	(社)	(%)	(社)	(%)
製　品　別	49	81.6	22	78.5	11	68.7	16	28.5	98	61.2
工　程　別	0	0.0	0	0.0	0	0.0	0	0.0	0	0.0
地　域　別	1	1.6	0	0.0	1	6.2	12	21.4	14	8.7
市　場　別	0	0.0	3	10.7	1	6.2	3	5.3	7	4.3
得意先別	0	0.0	0	0.0	0	0.0	2	3.5	2	1.2
混　合　型	10	16.6	3	10.5	3	18.7	23	41.0	39	24.3
回答会社数	60	100.0	28	100.0	16	100.0	56	100.0	160	100.0

（出所）『経営組織実態調査』（関西生産性本部・1986年5月），27ページ。

第6章　経営管理と組織

第2表　フォーチュン誌の最大500社の組織（アメリカ）

組織の構造	全体に占める比率		
	1949	1959	1969
職能別部門	62.7%	36.3%	11.2%
職能別部門プラス従属会社	13.4	12.6	9.4
製品別事業部制	19.8	47.6	75.5
地域別事業部制	0.4	2.1	1.5
持株会社	3.7	1.4	2.4
計	100.0 %	100.0 %	100.0 %

（出所）R. W. Ackerman, "How Companies Respond to Social Demands" H. B. R., July-August 1973, p.90.

(3) 「事業部制による利益管理」（古川栄一『利益計画のたて方』附録に収録），同書，282ページ。
(4) 同書，282～283ページ。
(5) 同書，287～288ページ。
(6) 事業部制組織について，企業の社会的責任の達成という見地から，新たな問題提起がなされている。たとえば，アッカーマンは，事業部制における責任・権限の分割，財務的業務評価の方法では，社会的要求に適応する企業責任の達成は困難であるとして，その改革を提案している（R. W. Ackerman, ibid., pp.88～98.）

　わが国の事業部制組織の運営状況，問題点および組織改革の方向等については，『企業と環境の考え方』（菊池敏夫他著，産能大出版部）の第2部・第2章「企業構造の革新」において詳細に論じられている。

第4節　経営管理論の展開

　経営管理に関する研究には，さまざまな方法および立場がある。これらの方法および立場によって，経営管理の研究を分類したり，整理することは困難であるが，このような試みの1つは，かつてクーンツ（H. Koontz）によって行われている。かれは，アメリカにおける経営学研究を次の6つの学派に分類している――(1)管理過程学派（The Management Process School），(2)経験学派（The Empirical School），(3)人間行動学派（The Human Behavior School），(4)社会システム学派（The Social System School），(5)意思決定学派（The Decision Theory School），(6)数理学派（The Mathematical School）。[1]

　また，マッシー（J. L. Massie）は，経営学を6つの主要な学派に分類している――(1)管理会計学（Managerial Accounting），(2)経営経済学（Managerial Economics），(3)組織理論（Organization Theory），(4)人間関係論と行動科学（Human Relations and Behavioral Sciences），(5)数学・統計学（Quantitative ― Mathematics and Statistics），(6) I E（Industrial Engineering）。[2]

　マッシーは，経営思想の流れを中心に分類しているが，次表に示したように，研究者がどの研究系列に所属するかを知るのに便利である。もちろん1人の研究者が，1つの系列だけでなく，2～3の系列に同時に所属している場合もある。その場合，大文字で書かれた名前の所属系列が主要な研究分野になっている。

　これらのほかにも，管理論研究の分類はいくつかあるが，この種の分類は，きわめてむずかしく，いろいろな限界があることは否定できない。

第6章 経営管理と組織

第3表 マッシーによる経営思想の分類

Managerial Accounting	Managerial Economics	Organization Theory	Human Relations and Behavioral Sciences	Quantitive (Math. & Stat.)	Industrial Engineering
Prior to 1930					
PACIOLO (1494)	A. SMITH (1776)			C. BABBAGE (1832) →	Babbage
	A. MARSHALL (1890)			(1886)	H. R. TOWNE
		Taylor ←		← Taylor ←	F. TAYLOR
		Weber ←	M. WEBER		
			L. GILBRETH ─────────→		L. Gilbreth
					F. GILBRETH
					H. EMERSON
			Gantt ←	K. PEARSON	H. L. GANTT
		H. FAYOL			
J. BLISS		O. SHELDON			
J. McKINSEY		→ McKinsey			
	J. M. CLARK				
		M. P. FOLLETT		W. SHEWHART	
				L. TIPPET	
1930					
		MOONEY &			
E. CAMMON		REILEY			
			E. MAYO		
			J. MORENO		
		L. GULICK	T. PARSONS		
			K. LEWIN		
		L. URWICK ───────────────────────────────→			Urwick
		C. BARNARD →	Barnard	J. NEYMAN	
A. LITTLETON		R. DAVIS	F. ROETHLISBERGER		
W. PATON					
1940					
	G. TERBORGH		L. WARNER		
			R. MERTON		
			A. BAVELAS		R. BARNES
			W. F. WHYTE	A. WALD	E. GRANT
Simon ←	Simon ←	H. A. SIMON →	Simon ────→	Simon	
H. GREER					
C. DEVINE	K. BOULDING →	Boulding	P. SELZNICK	N. WIENER	
W. VATTER	G. SHACKLE			C. SHANNON	
1950					
		W. NEWMAN	M. DALTON	G. DANTZIG	
Dean ←	J. DEAN	Bakke ←	E. BAKKE	VON NEUMANN &	
		E. DALE →	Dale	MORGENSTERN	
			M. HAIRE	J. MARSCHAK	
		P. DRUCKER →	Drucker		
			R. BALES	L. SAVAGE	
		Argyris ←	C. ARGYRIS	C. W. CHURCHMAN	
			R. LICKERT	H. RAIFFA	
B. GOETZ					
	Schlaifer ←───────────────────────────────			R. SCHLAIFER	
1960					
R. ANTHONY	W. BAUMOL	J. MARCH	D. McCLELLAND	R. BELLMAN	

（出所）J. L. Massie, *Essentials of Management* (2nd edition 1971), p.18.

第4節　経営管理論の展開

　わが国において，しばしば用いられる分類の1つに，(1)伝統的管理論，(2)人間関係論，(3)近代管理論という分類があり，ここでも，このような観点から，それぞれの理論の概要および，それらの前提を考察することにしたい。

1　伝統的管理論の課題

　伝統的管理論とよばれる学派はテイラー，およびファヨールを創始者とし，経営管理の研究の焦点を，管理職能および管理原則の解明と体系化に求める人びとである。アーウィック（Urwick），ムーニィ＆レーリィ（James D. Mooney & Alan C. Reiley），クーンツやニューマン（W. H. Newman）などがあげられる。伝統的管理論には，テイラーの科学的管理法，ファヨールの管理論，および管理過程論などがふくまれるが，管理職能を，計画，組織，統制（または調整，命令）などの要素に分解し，これらの職能を過程的に把握することと，それらの管理職能の遂行において守られるべき管理原則の提示に，その特徴をみいだすことができる。また伝統的管理論の初期の理論においては，人間を管理の対象として，受動的な機械的人間観を前提としていたこともその特徴の1つと考えられる。伝統的管理論に対しては，サイモンの批判があるが[3]，これに対してクーンツは，「あらゆる階層におけるあらゆる管理者の仕事は，集団の目的を最小の物的人的資源の支出で達成するために管理することであるというのが，筆者の確信するところである」と述べ，さらに管理職能に関する理論，管理の原則が異なる環境において普遍的に適用され，移転可能性を持つものであることを強調して次のように述べている[4]。

　「興味ぶかい首尾一貫した発見が，14カ国の約3,600名の管理者の行動を明らかにしている他の一研究においてもなされている。ヘアー，ジセリ，ポーターによって行われたこの研究は，管理行動のパターンには高度の類似性があること，そこにあらわれた差異の多くは，識別可能な文化的差異によるものであることを発見している。またリッチマンが1965年にソ連における管理への関心の発展について報告して，発展しつつある管理に対するソ連的なアプローチは，管理者の職能──計画，組織，統制，指揮，指導，動機づけ，ならびに

第6章　経営管理と組織

人事——を利用しているもので，これは本質的に長期にわたって維持されてきたアメリカの考え方と同一であることを発見していることも興味ぶかい。普遍性を指摘するこのほかの証拠が，さまざまな研究において発見されている」。

2　人間関係論の主題と限界

人間関係論は，アメリカにおいてホーソン実験（Hawthorne Experiment）を中心にして展開された管理論であり，組織の内的な人間関係を主題としてとりあげ，人間の情感や心理に焦点をおき，モチベーション（motivation）および，リーダーシップ（leadership）を管理上の主要な課題としている。

1920年代の末期に，メイヨー（E. Mayo）を中心として，ウェスタン電気会社（Western Electric Company）のホーソン工場でいわゆるホーソン実験が行われた。この一連の実験の結論として，メイヨーは，人間の生理的条件，労働の物理的条件を引き上げることによってのみでは，かならずしも労働の生産性は上昇しないこと，労働者の協力，参加等の感情的要素が生産性の上昇と関係があることを指摘した。この指摘は人間がただ経済的，合理的見地だけからでは測りきれないことを示すものであった。この研究は1927年から1932年にわたる5年間の実験として，会社の調査機関とメイヨーを中心とするハーヴァード大学大学院の産業調査部との協力によってなされたものである。なお，この大規模な実験の結果は，メイヨーの弟子レスリスバーガー（Roethlisberger）と，会社の調査部長であったディクソン（W. J. Dickson）との共著『経営管理と労働者』（*Management and Worker*, 1939）によってくわしく報告されている。この実験の結果，労働者の人間的感情やかれらの間の自生的組織（informal organization）が，その仕事の能率にどのように作用するかが実証づけられた。

メイヨーの実験に対してはアメリカの社会学者ブルーマー，ムーアの批判がある。これらの批判は，ホーソン実験のように各企業体の内部における産業関係を外部の社会から遮断された静的固定関係とみることは，労働者組織対経営者組織の対立関係を示す現実の産業関係からみて正しくないとみている。さらにホーソン工場の実験は科学的厳密性に欠けていること，とくにそこで用いら

134

れた方法は主として直接の観察とインタヴューであり，最近の社会心理学で広く用いられている厳密な分析的方法や量的測定法はとりいれられていない。それは実験といわれているが，厳密にはなんら実験ではなく，むしろ実験上の手ぬかりが偶然にメイヨーらにある仮の法則の発見を可能にしたとも批判される。[5]

ホーソン・リサーチ以後の社会心理学的アプローチの系譜には，レヴィン（Levine）のように指導者の行為が構成員の行動と集団の生産に対してもつ重要な意味を明らかにしたものや，ムーア（Moore）のように，集団内の個人間の関係の網の目を表示し，計量化しようという試みもある。人間関係論に対して，ドラッカー（P. Drucker）は，次のように評価しまたその限界を指摘している。[6]

人間関係論の長所は，(1)人間は元来，働く意思をもつと考え，(2)人間管理は，人事部門の専門家のみの仕事ではなく，管理者全般の仕事にふくまれると解している，(3)機械論的な人間観を排除して，人間の管理には明確な態度と方法が必要である点を明らかにしている。しかし，その短所としては，(1)人間の働く動機を，たんに自然的動機のみに求めていて，積極的に動機づける施策をもたない，(2)積極的な動機づけなしに，個々の労働者の態度や行動や能率は，たんに人と人との関係で調整できるものと考えている，(3)人間関係論は問題の経済的側面の理解に欠けていること，などが指摘されている。

3 近代管理論の問題領域

1930年代末に，組織全体の機構を分析しようとする組織論および意思決定論が登場する。それはバーナード（C. I. Barnard）およびサイモン（H. Simon）によって代表される。バーナードによれば，組織において意思決定は，くりかえし行われるが，これらの意思決定の基礎には，目的と環境があるという。この目的と環境との2つの要素を合理的に規制することが意思決定であるから意思決定とは，目的を達成するために環境を変えるか，環境にあわせて目的を変化させるかのいずれかである。この場合，目的の達成に関係のある環境要因を表わす制約的要因（limiting factors）と，無関係な要因を表わす補完的要因

（complementary factors）とに区別される。バーナードによれば，制約的要因は戦略的要因ともいわれ，(1)何が戦略的要因であるかを発見すること，(2)これを適切な形で，正しい場所と時にコントロールすることが意思決定にとって何より必要であるという。すなわちバーナードは，意思決定を目的と環境との相互の関係の分析過程としてとらえている。

サイモンは，意思決定概念を明確にするために，意思決定における決定前提を，価値前提と事実前提に分け，価値前提とは意思決定が志向する目的をいい，事実前提とは目的実現のためにとるべき行動の適否を判断するのに必要な事実に関する知識であるとする。現実に行われる意思決定はこれらの前提の組み合わせの結果であるが，サイモンによれば，価値前提は，科学的研究の対象にはならないという。

ところで，意思決定の過程は，「第1に意思決定を行うまえに，パノラマのように代替的行動を概観し，第2にそれぞれの選択によって生ずる諸結果を考察し，第3に選択基準である価値体系でもって，すべての代替的行動のなかから1つのものを選択する」ことである。しかし，このように客観的合理性にもとづく意思決定過程の仮説は，現実には当てはまらないであろう。なぜなら現実の意思決定者は，(1)すべての代替案を発見することはできず，限られた案を知るにすぎないこと，(2)代替案の結果の予測が，時間上の制約，または費用上の制約さらに人間能力の制約から十分行われない，からである。このため，サイモンは，客観的合理性（objective rationality）にかわる制約された合理性（bounded rationality）の概念を導入している。現実の意思決定はこのような制約された合理性の範囲のなかで最善または極大を求めるよりも，ある最少の要求に意思決定の結果が一致すれば満足するという，満足性の基準（satisfying criteria）のもとに行われるとする。

バーナードおよびサイモンによる組織論および意思決定論は，近代的管理論の基礎を提供したものといわれるが，またこれに対する批判もある。たとえば占部都美教授は，組織論において経済学的考察は不可欠の要素であるが，(1)近代組織論の場合，それは2次的な地位におしさげられることによって組織の本

第4節　経営管理論の展開

質が究明されているが，企業の理論を展開するためには，企業の経済理論と組織理論との結合が必要であること，(2)企業を形成する生産システム，マーケティング・システム，資本構造が解明されていないこと，および企業の制度的構造が解明されていないこと，(3)意思決定について，管理的決定のみが組織論の対象となっていること，などの制約を指摘している。[9]

（注）
(1) H. Koontz, *Toward a Unified Theory of Management*, 1964, pp.3〜10.
(2) J. L. Massie, *Essentials of Management*, 1971, pp.17〜19.
(3) サイモン（H. A. Simon）は，*Administrative Behavior*.（1945, 1947, 1957, 1976）．邦訳『経営行動』松田・高柳・二村訳（新版）において，伝統的管理論にきびしい批判を浴びせ，たとえば，それが提示する管理原則について次のように述べている——「管理問題についての最近の多くの著述は告発ものである。……多くの管理の分析は，単一の基準を選択することから始まり，それを管理の状況に適用して，1つの勧告に達するにいたる。ところが一方，それと同等に妥当であるが相矛盾する基準が存在し，それは同等の理由で適用できるが異なる結果をもたらすという事実は，便利なことに無視されている」（同訳書，44ページ）。
(4) クーンツの論文「管理の普遍性について」（松岡訳）『経営管理の新展開』所収（ドラッカー，ニューマン，クーンツ，アベグレン他著（1972年8月ダイヤモンド社），88および93ページ。
(5) 尾高邦雄，『産業における人間関係の科学』「産業社会学の諸傾向」，78ページ，「産業社会学をめぐる最近の論争」117ページ参照。
(6) P. F. Drucker, *The Practice of Management*, pp.278〜280.『現代の経営』下・現代経営研究会訳（ダイヤモンド社），129〜132ページ。
(7) C. I. Barnard, *The Functions of The Executive*, pp.202〜205. 前掲訳書，211〜215ページ。
(8) H. A. Simon, ibid., p.36. 同訳書，103ページ。
(9) 占部都美『企業形態論』，52〜56ページ。

第5節　経営管理の革新とその領域

1　組織と意思決定

　現代の企業が解決をせまられている問題群のうちから，ここでは基本的に重要だと思われる問題を選び出し経営管理のいかなる領域に革新の機会が存在しているかを検討してみることにしよう。

　企業が，内外の環境にどのように適応していくか，またそのためには，企業はどんな内部的条件をととのえる必要があるか，といった問題は，およそすべての企業が取り組まねばならない課題であるといってよい。複雑な内外の諸環境の変化に対して企業の行動を適応させるという問題は，結局のところ，企業組織における意思決定が，適切に行われるか否かという問題に帰着する。なぜなら，あらゆる企業行動の前段階には，その行動を選択した意思決定の過程が存在しているからである。環境変化のなかで，企業が適切な行動の選択，すなわち意思決定をつみ重ねていくことは決して容易なことではないが，そのような適切な意思決定が行われるための条件を理解しておくことは必要であろう。

　個人の行う意思決定や組織の意思決定において，もっとも重要な意味を持つものは，意思決定の前提である。意思決定の前提には，価値前提と事実前提と呼ばれるものがあり，価値前提とは，意思決定の志向する目的をいい，価値体系を意味している。とくに価値前提は，意思決定に対してより重大な影響を与えるものといってよい。なぜなら，サイモンが述べているように，意思決定者にとっては，いったん目的や価値体系が決められ，与えられれば，あとは，この目的や価値体系にもとづいていくつかの代替案が評価され，選択（決定）されることになるからである。

　ある企業の行動が，社会的に批判を受け，また法的な制裁の対象となっても，たびたび同じ行動をくりかえすとしたら，それは，そうした行動を選択する意思決定の価値前提が変わっていないことを意味している。

　かりに企業の内外の環境が変化しているにもかかわらず，企業における意思

決定の価値前提が何ら変わらないとしたら、企業の選択する行動は、内外の環境に十分適応できないものとなるのである。

こうした企業における価値前提は、実際にはどんな形をとっているのだろうか。それは、企業組織のなかでは、目的、方針、目標、基準、手続、規則などの形で示され、またそれは、各種の業績評価や人事考課の評価項目のなかに示され、これらの形をとって示された価値前提が、企業組織におけるあらゆる行動や、意思決定の基準となっているのである。

企業の行う意思決定や行動が、環境に対して適応的であるための条件は、このような形で示されている企業の価値前提の内容が、環境の要求や期待、価値体系と、かけはなれたものにならないようにすることである。そのためには、企業の内外環境の要求や期待や価値体系に適応して企業自体の価値前提の修正が必要となるのである。

> 通産省産業構造審議会管理部会『企業財務政策の今後のあり方』（1972年5月）は、「経済成長下の企業目標として一般的には、シェア拡大とそれに通ずる、利益極大化を目的とした、高度成長に主眼がおかれていた。しかるに近時、公害問題、消費者運動など企業をとりまく制約要因の増大につれて、企業利益の極大化というような従来の単一目標に対する検討が強く要請されるに至っている」と述べている。また同様な趣旨にもとづく見解が発表されており、たとえば産業問題研究会のまとめた『環境問題に対処する企業経営のあり方』（1971年9月）は、企業が環境の破壊防止、改善についての積極姿勢を、経営方針として明確に打ち出すことを勧告しており、環境問題に対する経営方針を文章にとりまとめ、従業員に周知徹底をはかることが適当であるとしている。これらはいずれも企業目的の修正を求めるものであるといえよう。

意思決定が適切に行われるためには、また次のような条件が必要である。それは、意思決定の前提（価値前提と事実前提）が、企業組織のなかで意思決定を行うすべての人々に正確に伝達され、十分に理解されていることであり、コミュニケーション（communication）が有効に行われていることである。

組織が、内外環境の変化に適応した行動を選択できるのは、組織のあらゆる

ところで，意思決定を担当する人びとが，組織目的（価値前提）を十分理解しているとともに，内外環境それ自体（事実前提）の正確な情報を持っていることである。

かりに組織のメンバーが，それぞれ異なった価値前提に立って意思決定を行ったり，または，状況に対する正確で豊富な情報を欠いたまま意思決定が行われるとしたら，組織の行動は，内外環境との間にたえず問題をひきおこすことだろう。

このように考えると，価値や情報が組織のメンバーの間に伝達され，交流が行われていること，すなわち，コミュニケーションの機能が，適切な意思決定には不可欠の条件であるといってよい。

2　組織と人間問題
(1)　単調労働の問題

企業組織のなかで，個人が担当する職務の内容を，どのような性質のものにするかは，これからの経営管理において，重要な課題となるだろう。職務内容が，単純，反復的で，そこに意思決定の機会が少ない場合には，個人の創造性や能力発揮の機会が乏しく，また単調さからくる精神的疲労が生ずる。個人の欲求が，かりにマズロー（Maslow）が述べているように，生理的欲求 → 安全（定）欲求 → 集団受容欲求 → 自我の欲求 → 自己実現欲求，というように推移していくと仮定すれば，組織内の個人に配分される職務も，そうした欲求の変化に対応して，その内容を革新し，変化させていかなければならない。個人が，自己実現欲求を持っているにもかかわらず，職務が，機械化され，単純反復的であれば，個人は能力発揮や，意思決定の機会のより多い職務を求めて，離職するかもしれない。

したがって，組織内の個人に配分される職務の内容については，その職務を担当する人の立場からの分析や評価も必要であり，職務内容は多かれ少なかれ意思決定の機会があること，能力発揮の機会があること，完成形態を持ったまとまった仕事であること，などが要請されてくる。

第5節　経営管理の革新とその領域

　1971年末にアメリカでは Work in America という政府の報告書が発表されたが，これはＨＥＷ（保健教育厚生省）が約1年間プロジェクトチームに研究させていた結果をまとめたもので，アメリカにおける職務内容の問題を解明したものである。この報告書では，アメリカにおいて，しばしば問題とされる社会的無秩序，アルコール，マリファナ中毒などの薬物依存傾向の増加，現場作業員の無断欠勤（absenteeism），中間管理者の早期退職（early retirement）希望などの真の原因を探究していくと，多くの場合，アメリカ人の従事している職務の内容に問題があり，それが無味乾燥であったり，ほとんど重要性あるいは意思決定の機会に乏しく，断片的であることに問題があると報告されている。また，多くの人びとの欲求水準が高度化し，多様化しているにもかかわらず，仕事のほうはますます細分化され，単純化されているところに問題があることも指摘されている。

　これは，企業における職務の内容が，たんに企業内部の問題にとどまらず，社会問題の発生に関連していることを示唆しているものとして重要である。
　企業内では，この問題の解決のために，まず，次のような方法によって問題を発見しなければなるまい。
(1)　企業内の各職場において，離職，遅刻，欠勤，早退などの頻度が比較的に高い職場とその職種を分析し，その原因を追及してみることである。この原因追及の過程において，職務内容に問題がないかに注意することである。
(2)　各職場において，個人がそれぞれ担当している職務の内容について，どのような要求や不満を持っているか，どのような職務を担当したいかについて，十分に情報を収集することである。
　このような分析は，これからの経営管理にとって，ますます重要なものとなるにちがいない。

　　スウェーデンでは，ベルト・コンベアを廃止したボルボ自動車会社のカルマール市の新工場が1974年に稼動し，またそれより早く，もう1つの自動車会社のＳＡＡＢ（サーブ）のセーデルテーリェ市工場では，トラック製造にベルト・コンベア・システムのかわりに3～4人のチーム制を採用している。このシステムで興味あることは，1チームの3～4人が1つの仕事を3～4つに分割して，単純化した作業

をそれぞれやるか，あるいは各人が1つの仕事を分割しないでやるかが，各チームの労働者の選択にまかされているという点である。機械化された作業の非人間性をきらう者は後者の方法を選び，単純作業のほうが楽だと考える者は前者を選べばよいというわけである。あるいは単純作業に飽きてきたら，切り換えることもできる。

最近，欧米先進国では，働く人間の主体的選択を尊重して，フレックス・タイムや配置決定への参加が進められているが，SAABの工程選択制も，その方向にそう実験として注目されている。[1]

(2) 組織への定着と離職

日本の伝統的な雇用慣習は，終身雇用によって特徴づけられるが，それはしだいに流動化しはじめているといわれる。もっとも，この流動化の程度は，一部でいわれているように，スピン・オフ現象が激化しているというような状況ではなく，先進諸国のなかでは，わが国の産業における従業員定着率は，依然としてもっとも高い水準を示している。

たとえば，萬成博，ロバート・マーシュ両教授の報告（「日本の産業労働者の定着と移動」日本労働協会雑誌，1971年11月号）によると，日本の産業における従業員は，年間25％から28％，すなわち，4人に1人の割合の離職率であると報告されており，ちなみにOECDの年間離職率の統計では，カナダがもっとも高く（60％），アメリカ（50％），フランス（44％），イギリス（34％），旧西ドイツ（30％）の順であるから，日本の離職率25％は，アメリカのちょうど2分の1に相当している。

しかし，このような数字から，経営者が，わが国では，まだまだ終身雇用の慣習が定着していると楽観してもよいものであろうか。なぜなら，このような数値から類推できることは，経済的に豊かな社会，あるいは，所得水準の高い社会において，離職率が高いということであり，やがて，そうした社会に，わが国も移行していくことは，当然予想されるからである。

ところで，離職する人びとの理由や動機には，各種の事情が考えられるが，しばしば，従業員の離職の動機を，経済的な理由や安定への配慮に求める見方がとられ，また，そうした理由からの転職率が少なくないことも事実であろう。

わが国の雇用慣行に関するアンケート調査（社団法人雇用問題研究会調査・

1987年4月「日本的雇用慣行と勤労意識に関する調査」）によると，管理職739名のうち，積極的に転職したいが1.9％，条件がよければ転職したいが19.9％，将来的には転職したいが18.4％となっている。また，総理府の調査（1992年「勤労意識に関する世論調査」）によれば，現在の仕事に不満を持っている理由として，「仕事がつらい，きつい，忙しい」「仕事にやりがいがない」といった仕事のやりがいや能力評価などに関する割合が上昇している。

かつて，アメリカにおいて，ブース・アンド・ハミルトン社が，思いきって転身した422名の，幹部の態度を分析したことがあるが，彼らが転職の理由として，1つずつあげたものの順序は，①もっと大規模な仕事，そして，より多くの責任をまかせてほしいから，②経営方針が気に入らない，③昇進があてにならない，④変わった仕事をしてみたい，となっており，そこには，一般に考えられるような経済的な理由や，安定への配慮，もしくは地理的条件は，いずれも，転職の第1の理由ではないということが見いだされている。

こうした傾向が事実だとしたら，組織の側には，個人の欲求に対応した新しい誘因を，組織内に準備していくことが，緊急の課題となっているといってよいであろう。

3 集団的意思決定の問題

(1) 会議による意思決定

企業内で行われる意思決定が，わが国では，しばしば集団的になされるという特徴が指摘される。これは意思決定の多くが，わが国では，会議または稟議によってなされていることを意味している。ここではまず，このような決定方法の特質と問題点を理解するために，会議式組織，ならびに稟議制度そのものから検討してみることにしよう。

会議は，企業にかぎらず各種の組織体においても，規模の拡大に伴って一般的に増加する傾向があり，さらに民主化という社会的要請も会議の増加を促進する要因となっている。一般的にいえば，会議式組織による意思決定の効果として，次の諸点が指摘される。

第1に個人が主観的に判断する場合に比較して，複数のメンバーが問題を観察し，判断するために，個人の経験や知識の不足を補い，また多角的見地から判断されるために，個人の決定に伴う危険を回避できる。

　第2に意思決定の前提となる価値や情報がメンバーの間にあらためて伝達される機会が提供され，会議は意思決定に不可欠のコミュニケーション機能をもつことである。

　しかし，このような意義を持つとはいえ，会議による意思決定は，また次のような問題を内包している。

(1)　意思決定に多くの時間を要し，そのため決定内容が状況や問題に適応しない，という時間的遅れの問題が生じやすい。

(2)　会議による集団的決定では，責任の所在が不明確となり，個人責任がほとんど明らかにされない。

　ところで，わが国の企業組織における意思決定が，しばしば会議によって行われることについては，次に述べる稟議制度の普及と共通の原因からきているものと考えられ，それは組織内において職務権限が，必ずしも個人段階まで明確にされていないこと，権限委譲が十分行われていないことなどに，原因があり，そのために問題が発生するたびに会議にその問題を持ち込むという方法がとられることになると考えられる。したがって，会議による時間や費用の損失を少なくし，会議の持つ効果を発揮させるためには，一般的に職務権限の個人レベルにおける明確化，権限委譲の推進，および会議に付すべき案件の厳選が必要となる。

(2)　**稟議制度の評価と問題**

　稟議制度は，わが国における意思決定方法を特質づけるものといわれる集団的意思決定の方法である。稟議は，組織内のメンバーがある問題を処理するにあたって，稟議書を作成し，それに起案者の名において起案事項（計画案）を記述し，これを関係部署に回覧して，順次承認の印を受け，起案者のもとに回付されたときに起案事項が完全に承認されるという制度である。このような稟議制度は，わが国では企業はもとより官庁その他の組織体においても普及して

いるが，これには次のような効果を認めることができる。

① 稟議によって，起案者個人の主観的決定の危険が回避されるという効果がある。それは，起案事項が関係部署の点検というスクリーンを通過していくからである。

② 稟議制度は，集団的意思決定の方法であると同時に，報告制度でもあり，それはコミュニケーション機能を果たすという効果がある。なぜなら，上位者や関係部署では，組織内の業務担当者から，別に報告を受けなくとも稟議書を通じて，どのような業務上の問題が生じているか，それをどのように処理しようとしているかを知ることができるからである。

③ 稟議制度は，下位者の上位者に対するスタッフ機能という性質を持ち，業務担当者の計画ないし決定への参加という性質を持っていることも認めなければならない。

とくにこの「下からの計画・決定への参加」についてハーマン・カーンは，次のように興味ぶかい評価を行っている。

「稟議制度は，たんに官庁だけでなく，官僚主義的な大規模民間組織でも採用されている。ある部門の下級職員たちが，ある問題について合意に達し，それについて決定が必要だと考えると，彼らはそれを文書にまとめる。文書は当該部長の承認を経て，他部門に，ふつうは低いレベルに回付され，そこで検討に検討が重ねられ，訂正に次ぐ訂正が行われる。変更のたびに文書は行きつ戻りつする。やがて下級職員間に，妥当な線で合意が成立すると，文書は各部長に引き継がれ，そこからさらに会社の首脳部へと上がっていく，首脳部はそのころまでにはかなりの重圧を受けているので，一も二もなく文書に署名し，これを社長室その他の意思決定中心点に回付し，そこで最後の詰めが行われる。以上からもわかるとおり，稟議制度は，たんに，いま述べたような種類の合意を得るための，特別の制度上の手続きにすぎないが，同時にそれは，発議の大半が，底辺もしくは中間段階で生まれる手続きでもある。それはまぎれもなく，一種の下からの意思決定を意味する。すなわちそれは，著しく権威主義的かつ階層的な構造において，差し当たってまだ下位にいるものから上に向かって行

われる意思決定であり，草の根型の〔自然発生的な〕，参加する民主主義に近いものである」(『超大国日本の挑戦』邦訳・83〜84ページ)。

しかし，稟議制度が，こうした効果を持つとはいえ，しばしばその問題点も指摘されている。たとえばその1つは，稟議制度においては起案事項が計画として承認された場合，この計画ないし，決定にたいする責任の所在が不明確であること，したがって個人責任が回避されていることや，第2に，稟議による意思決定は多くの時間がかかるために，意思決定の機動性が失われ，状況変化に適応した決定がなされないなどの点が指摘される。

稟議制度が普及し，定着している理由には，先に述べた会議式組織による意思決定の場合と同じく，組織内の個人段階まで職務権限が明確にされていないことと関連しており，そのため，職務権限が不明確のまま業務上の決定を行おうとすれば，会議によるか，稟議の形式をとらざるを得ないという事情が考えられる。

しかし，このような稟議制度は，やはり職務権限の明確化，ならびに権限の委譲をすすめることにより，そのあり方を検討していくことが望ましい。とりわけ，個人レベルで十分決定され得る案件についてまで，すべて稟議に回付するという方法は，組織内にハンコ行政の慣習を定着化させ，また決定に対する無責任な経営慣行を生むことになる。したがって，組織内においては，真に稟議の効果を発揮せしめるような案件を厳選し，これを稟議の対象とすべきであって，それ以外の案件の処理は，なるべく個人の責任において処理するような方向を追求していくことが必要である。

4　社会的責任の問題

企業の行動に対する社会的な批判は，企業に対する社会的責任 (social responsibility) の達成を強く要請している。企業の社会的責任といわれるとき，そこにはさまざまな見解が存在している。ここでは，社会的責任の意味とその達成条件を，できるだけ現実的に把握していくことにしたい。

(1) 企業と利害関係者集団の関係

　企業の規模が拡大し，その事業活動の領域が拡大すると，企業と利害関係を持つ集団の規模も大きくなってくる。たとえば，現代の企業は，株主，労働組合，消費者，地域社会，取引先企業，金融機関，債権者，政府，自治体などの利害関係者集団とそれぞれ利害関係を持っている。

　社会的責任というとき，responsibility（責任）の response とは応答の意味であるから，企業の社会的責任の対象は上記の利害者集団であり，これらが具体的に応答すべき相手ということになる。これらの利害者集団と企業との関係を観察すると株主，労働組合，消費者，地域住民のように個人を主体とする利害者集団の場合には，権利意識の形成 → 組織化 → 権利の法的保護の要求とその制度化 → 企業の意思決定への影響力の行使，という成熟過程ともいうべきプロセスをたどっていることが指摘できる。株主や労働組合は，その権利の法的保護が比較的早い時期に制度化され，労働組合についていえば，団体交渉，労働協約などを通じて企業の意思決定に影響を与え，また意思決定をある程度拘束し得る集団となっている。

　しかし，これらの利害者集団のなかでも，消費者や地域住民という集団においては，ようやくそれらの集団の権利を法的に保護する制度が形成されているが，企業の意思決定に対しては，労働組合ほど強い影響力を持っているとはいいがたい。労働協約に比較して，企業と住民との間に結ばれている住民協定の法的効力は必ずしも明確なものではない。

　このようにみると企業の社会的責任の対象として，これからの重要な利害者集団は，消費者ならびに地域社会であり，この2つの集団と企業との関係について，社会的責任の達成がとくに重要な問題となるものと考えられる。

　ところで，企業の社会的責任の達成について，企業のどのような領域に，どんな問題があるかを考えてみることにしよう。

(2) 企業の価値体系の問題

　企業の行動について提起されている問題の多くは，企業の価値体系が，社会の価値体系ないし価値規準に適応していないために生じている，といってもよ

いであろう。この価値体系は，意思決定の価値前提であり，企業行動の規準，および評価の規準となっているものである。それは具体的には，企業内の方針，目的，目標，標準，規則，手続きなどの形で示されており，これらの価値体系によって企業のあらゆる意思決定が行われ，行動が選択されているわけである。したがって，汚染物質の排出や欠陥商品の生産・販売によって，住民や消費者に損失を与える企業行動は，そのような行動の選択の前提となっている価値体系に問題があると考えることができる。

　企業の社会的責任の達成のための条件は，まず，こうした観点から，企業組織の内部に定着している方針，目的，目標，標準，規則，手続きなど，いわゆる広義の計画を全面的に洗いなおすことであり，それらのなかに，新しい社会的責任の達成を目指す価値体系を導入していくことでなければならない。このような考え方から，企業の行動目標や，評価項目のなかに，社会的責任の指標を導入しようとするいくつかの試みがある。たとえば，日本生産性本部の総合社会的責任指標はその一例である。[3]

企業の総合社会的責任指標

　これは総合的な広義の社会的責任指標として，①経営責任指標，②従業員福祉責任指標，③消費者・地域住民などにたいする狭義の社会的責任指標，をふくむ包括的な総合責任指標であり，②と③は，従業員および消費者・住民などの福祉にかかわる指標なので企業レベル福祉指標としての性格を持っている。①の経営責任指標は，直接には株主と債権者にたいする企業の責任を示すが，企業が健全な経営指標を維持することは，国民経済の発展にたいする企業の責任でもある。②は，文字どおり当該企業の従業員の福祉にたいする企業の責任を示すものであり，賃金だけでなく，従業員福祉に関する諸指標を，福祉指標の一般的体系に準じて体系的に示している。③の狭義の社会的責任指標は，消費者，地域住民，取引業者（下請企業），国際関係のそれぞれにたいする指標を体系化したものである。いま，これらの項目の詳細をみると，次のとおりである。

① 経営責任指標

中項目	小項目		点数
収益性指標	自己資本純利益率	○	37
100	配当率	○	29
	資本金純利益率	○	34
安全性指標	流動比率	○	44
100	自己資本比率	○	56
生産性指標	粗付加価値労働生産性	○	57
100	設備効率	○	43
成長性指標	増益率	○	41
100	付加価値生産性上昇率	○	59

② 従業員福祉責任指標

中項目	小項目		点数
経済福祉指標	30歳所定内賃金	○	36
100	法定外福利厚生費	○	14
	退職金平均額	○	16
	時間外手当割増率	○	11
	定年年齢	○	15
	労使の所得格差	△	8
労働環境指標	月平均実労働時間	△	22
100	時間外労働時間	△	12
	年間所定休日日数	○	13
	年休消化率	○	11
	経営参加システム	○	17
	労働災害率	○	18
	ストライキによる労働損失日数	△	7
生活環境指標	社宅面積	○	23
100	住宅貸付金最高限度額	○	39
	定年後諸制度	○	38
文化教育指標	教育訓練費用	○	53
100	文化体育費用	○	47

第6章 経営管理と組織

③ 狭義の社会的責任指標

中 項 目	小 項 目		点数
消費者関係責任指標 100	苦情処理機関	○	31
	モニター制度	○	17
	広告活動チェック機関	○	21
	独禁法・景表法違反	△	31
住民関係責任指標 100	一般廃棄物処理	○	20
	公害関係渉外機関	○	8
	公害監視機関	○	8
	公害防止管理者	○	5
	公害防止関連支出	○	18
	警告とトラブル	△	15
	労使の公害防止協定	○	11
	地域への参加	○	15
取引業者関係責任指標 100	下請単価上昇率	○	40
	下請との文書取り交わし	○	25
	下請代金支払期間	△	35

（出所）　日本生産性本部『企業の社会的責任――その指標化と意見調査』（1974年，14〜15ページ）による。

（注）　○印はプラス指標，△印はマイナス指標，点数は社会的責任という重要度に比例して配分したウエイト。なお3大項目のウエイトは，①経営責任指標(31)，②従業員福祉責任指標(33)，③社会的責任指標(36)である。

(3) 組織と情報

　企業の社会的責任の達成条件の1つに企業組織の革新の問題がある。従来の企業組織をみると，利害者集団と企業との関係を担当する部門として，株主に対する株式課・株式部，金融機関に対する経理部，財務部，取引先企業に対する仕入部，営業部などが組織されているが，消費者関係，地域社会関係を担当する部門組織が編成されるようになったのは，わが国では1970年代のことである。アメリカの大企業のなかには，1950年代から地域関係部を組織している例があり，またカナダの商工会議所も，カナダの大企業に対して地域関係を担当する専門部門の編成を勧告したことがある。

　わが国では，公害対策課，公害防止課，公害対策室，同委員会をはじめ，環境管理部，環境管理課，地域関係課などの名称を持つ組織の編成がみられ，また公害発生型企業に対しては，法律により，公害防止管理者の配置が義務づけられているが，将来は，他の利害者集団に対する組織と同じように，地域関係部，または消費者を対象とする消費者関係部などを設置することが必要であろう。このような部門の編成によって，はじめて，地域社会や消費者は労働組合や株主と同じように，その要求を企業活動や企業の意思決定に反映せしめる窓口を与えられることになるからである。

　また企業は，このような担当部門において，地域社会や消費者の企業に対する要求や期待や苦情に関して情報収集を行うことができ，それを利害者集団と企業との関係を改善するために役立てることができる。これらの情報については，第1に，地域社会や消費者の企業に対する要求や期待に関連した情報と，第2に，これらの利害者集団に対してとられた企業の行動の業績，すなわち企業の社会的領域における責任の達成状況に関する情報とがある。後者については，これを営業報告書に公表することや，社会監査（social audit）の対象とすることなどが提案されている。

(4) 企業の担当する機能

　企業の社会的責任の達成に関連して，企業の担当する機能の再検討が要請されている。これについては，およそ，次の3つの点を指摘することができる。

まず第1に，生産の機能についてであるが，最近エール大学大学院の法律専門家のグループが，本質的な機能変化を伴わない製品のモデルチェンジを法律で禁止すべきである，という提案を行っている。このような提案が，資源の有限性と廃棄物問題の見地から，政府によって着目され，立法化される可能性が出ている。耐用年数を計画的に短縮化させたり，早期の陳腐化を予定した製品計画・生産計画は，今後は何らかの修正をせまられるものと考えられる。

第2に，同じく生産の機能のなかで，製品の安全性に対する社会的要求が強くなり，製品の生産，流通機能の遂行にあたって，安全な製品という見地から，製品の選択が行われるようになることが予想される。1973年にわが国では「消費生活用製品安全法」が制定されたが，アメリカにおいても，1972年，製品安全法（Product Safety Act）が制定され，製品の安全基準を製品安全委員会によって決定することを定めている。さらに近年，アメリカにおいては欠陥商品で被害が発生した場合，その商品のメーカーに損害賠償の責任があるという「製造物責任」（Product Liability）の考え方が一般的になりつつある。アメリカでは，欠陥商品の被害者がメーカーを訴えた場合，メーカーの手持ち証拠を強制的に提出させる情報開示制度があり，また厳格責任（無過失責任）のため，メーカーの過失まで消費者は証明しなくてもよいことになっている。製造物責任の考え方は，日本でも製造物責任法に具体化されている。

このように，製品の安全性に対する法的規制が強化されるにつれて，製品の種類によっては，製品の転換，修正，生産中止などの措置をとらざるを得ないものも出てくることが予想される。それは，製品の選択や評価の規準のなかに，消費者の利益に基礎をおいた安全性という価値を導入せざるを得ないことを意味している。

第3に，企業が生産の機能を遂行するさいに採用する技術に関して，その事前審査を行うことが必要である。技術の事前審査は，いわゆるテクノロジー・アセスメント（technology assessment）と呼ばれて，わが国では1969年ごろからその意義が紹介されているが，環境の汚染や破壊をはじめ，製品の欠陥の問題についても，これらが帰するところ，技術の選択のしかたに問題があるとい

う認識から，技術の選択にあたって事前に，審査を行うことを意味している。テクノロジー・アセスメントというとき，アメリカでは，それが政府または社会の公的機関がこれを行うものとして理解されているが，生産技術を開発し，選択する主体である企業が，その内部において行うことが真に事前審査の意味があり，製造業における企業では，技術の点検ないし審査の具体的な項目および方法の内部化という課題に取り組むことが必要である。

(5) **環境コストと再循環**

企業の社会的責任の達成について，それに要するコストの把握は，今後のマネジメントにおいてますます重要な問題となってくる。環境に対する企業の責任達成のコストに限ってみても，現在のところ必ずしも明確にされているわけではなく，せいぜい環境破壊防止費用という把握がなされているにすぎない。環境関係のコストを次のように分類して把握することが必要であろう。

環境関係費用＝環境破壊防止費用＋環境復元費用＋損失補償費用

すなわち，企業の負担すべき環境関係費用は，第1に環境破壊防止の費用であり，第2に環境復元費用があげられる。これはいったん破壊し，汚染した環境を復元するための費用であり，鉱山業，セメント会社，紙パルプ会社においてこの種の費用の計算が重要な課題となってくる。第3に，損失補償費用があり，これは，すでに環境破壊などによる被害が発生した場合に，被害者に対して貨幣的に損失を補償しなければならない費用である。これらの費用について，第1の防止費用によって，あとの2つの費用を発生させないようにすることが必要であることはいうまでもないことである。

また，第1の環境破壊防止費用については，単に環境破壊防止設備の減価償却費だけでなく，環境破壊防止機器のリース料，設備の維持修繕費，運転費，環境破壊防止教育訓練費などの細目まで分類し，これらの費用全体を環境破壊防止費用として別途に予算化していくことも必要である。

環境関係のコストについて，もう1つの問題は，廃棄物のコスト計算がある。資源の有限性と廃棄物の増大に当面して，企業レベルでもその再循環（recycling）に真剣に取り組まねばならなくなるであろう。しかし，廃棄物の

第6章 経営管理と組織

再循環ないし再利用を検討するさいに、コスト分析がもっとも重要である。[(4)]

   廃棄物の量……………………………………W
   廃棄物の処理（埋立・焼却）コスト………Dw
   廃棄物の再生産商品への転換コスト……Cw
   再生産商品の販売価格……………………Pw
   再生産商品に転換した廃棄物の量………Wt
   廃棄物による汚染の（損失）コスト………Ew

いま上記の記号により次の(1)式をみよう。

  (1) $W \cdot Cw < Pw \cdot Wt$ 〔$Dw = 0$〕

この場合は廃棄物の処理（埋立・焼却）のコストがゼロであるが、廃棄物の再生商品への転換コストよりも、再生商品の販売価格が大であるために、リサイクリングを行うことが有利という条件である。このような条件が存在していれば、再循環の可能性がある。

  (2) $(W \cdot Cw - Pw \cdot Wt) < Dw$

第2式においては、再生商品の原価より販売価格が小さいという赤字の場合であるが、しかしこの場合でも、その赤字が埋立・焼却による処理コストより小さければ、再生利用の可能性があることを示している。そのほうが企業の費用負担はより小さいからである。

  (3) $(W \cdot Cw - Pw \cdot Wt) < Dw + Ew$

ここでは、廃棄物による汚染の社会的損失を Ew とし、これと廃棄物の処理（埋立・焼却）コストの合計よりも、左辺のカッコ内の差額（すなわち赤字分）が小さければ、再生利用の可能性があることを示している。この場合の Ew の計算と把握は困難ではあるが、企業における廃棄物のリサイクリングの可能性とその条件は、このようなコストの分析を通じて発見することができる。いずれにしても、一方では資源が有限であり、他方では廃棄物が増加の一途をたどっているとき、これを単純に埋立てたり、焼却するという方法では問題を真に解決しているとはいえず、企業が、その機能のなかに、廃棄物の再循環ないし資源化機能を内部化すべき時代が到来しているといってよいのである。[(5)]

5　経営参加の問題

　現代の企業が解決をせまられている経営管理上の問題の1つに，経営参加の問題がある。経営参加については，さまざまな形式および内容のものがあるが，4つの型に分けて考察することができる。それは，(1)利益分配制，(2)労使協議制，(3)労使共同経営，(4)自主経営であり，この参加形態の類型化は，労働者の経営への参加度と責任の程度の順位を示す連続体とみなすことができる。また，この類型化の基礎として，ヤナイ・タブ（J. Yanai Tabb）教授は，4つの規準をあげている（第4表参照）。

第4表　経営参加の類型化

a．基　礎	b．範　囲	c．程　度	d．報　酬
1．地域レベルの協約	1．最　　少	1．（権限）なし	1．は　い（あり）
2．全国レベルの協約	2．中　　間	2．協　　議	2．いいえ（なし）
3．法　　　律	3．最　　大	3．管　　理	
4．憲　　　法		4．共　同　経　営	
		5．自　主　経　営	

（出所）ヤナイ・タブ，アミラ・ゴールドファブ『経営参加』（本間・磯部訳，20ページ）カッコ内は筆者記入。

　この第1の規準(a)は，参加が依拠する公式の手続き上の根拠を示すものであり，第2の規準(b)は，企業の経営ないし意思決定に直接関与する作業集団の相対的大きさ，すなわち参加当事者の数の相違を示している。第3の規準(c)は，参加の程度であり，労働者が一定の参加の構造のなかで，どの程度決定への参加を認められているかにより，(1)権限なし，(2)協議と勧告のみ，(3)管理，(4)共同経営，(5)自主経営に分けられる。第4の規準(d)は，労働者が参加の成果（現金，株式その他）についても，協力者であるかどうか，この成果が参加の報酬として正規の給与の他に分配されるかどうかが問題とされる。[6]

　利益配分制は，スキャンロン・プラン（Scanlon plan）のように，アメリカにおいて多くの実施例がみられるが，これは，先の規準からみると，a1，b1，c1，d1に分類される（また旧ユーゴスラビアにみられた労働者の自主経営のシステムは，a4，b3，c5，d1に分類できる）。

第6章　経営管理と組織

　ところで，経営参加に関する動向をみると，とくにヨーロッパ諸国において活発であり，ＥＣが1972年欧州統一会社法の第5次案を発表して以来促進されている。石田磯次氏によると[7]，オランダでは，1973年7月に，新会社法が施行され，(1)資本金1千万ギルダー以上で，オランダ国内で使用する被用者が100人をこえ，かつ労使の代表からなる工場委員会のある会社の監査役会のメンバーの候補者については，工場委員会，経営者側，株主総会または，その任命にかかる委員会がこれを推薦することができる。その推薦された候補者の互選により監査役が選出されること，(2)株式，他社との協力，別会社への資本参加，一定水準をこえる投資，定款の変更，会社の解散，かなりの数にのぼる労働者の解雇，かなりの数にのぼる労働者の労働条件の大幅な変更といった重要事項については，取締役会は，監査役会の承認を得なければならないこと，などが定められた。スウェーデンにおいても，1973年4月1日より新法律が施行され，100名をこえる従業員を持つ会社は，工場委員会（スウェーデンでは労働組合の統制下にある）が選んだ会計監査人をおくほか，取締役会のメンバーのうち2名は，単組が選出した被用者代表とすることが定められた。またノルウェーにおいても，1973年1月に，労働者の経営参加に関する法律が施行され，被用者が200人をこえるすべての会社――約1,000社――に，民主的工場委員会と称する機関を設けること，これは12名以上をもって構成し，そのメンバーの3分の1は，被用者代表であること，取締役会のメンバーの3分の1，少なくとも2名については同委員会が選出する権利を持つこと，および，労働者に重大な影響を与えるおそれのある大規模な新規投資，合理化または再編成については，取締役会は最終決定を行うまえに，この機関と協議しなければならないこと，などが定められている。なおドイツの共同決定制度は，1950年代に形成されたが，これは，監査役会への労働者代表制を中心としたものであるが，ドイツの会社法（株式法）においては，監査役会の権限が強大であり，経営上の重要な基本政策の決定，取締役の業務監査，取締役の任免に関する権限を有しているので特別の意義があるといえよう。

　アメリカにおける成果配分制，および一部の大企業における取締役会の構成

第5節　経営管理の革新とその領域

の多様化に対比すると，上記の西欧諸国における経営参加の特徴は，取締役会または監査役会への労働者代表制として特徴づけられるが，参加の主体を労働者に限定するか，それとも，他の利害者集団たる消費者，および地域社会をもふくめて考えるか(8)，さらに，これをどのような根拠法によって行うか，どのレベルの決定に参加せしめるか等の問題が，わが国の企業にとっても選択をせまられる課題になるものと考えられる(9)。

（注）
(1) 日本生産性本部『1974年度労使関係白書』の報告による。
(2) W. H. Whyte, *The Organization Man*, p.155（Perican Books），『組織のなかの人間』上，岡部・藤永訳（東京創元新社）269～270ページ。
(3) 日本生産性本部『企業の社会的責任——その指標化と意見調査』14～15ページ。
(4) D. A. L. Auld, *Economic Thinking & Pollution Problem*, University of Tronto Press 1972, pp.4～10.
(5) 再循環機能を内部化した企業モデルについては次の研究がある——徳谷昌勇「環境責任と業績評価」日本経営学会編・経営学論集44（『経営国際化の諸問題』）188～193ページ。
　　日本では2001年4月1日から施行の「特定家庭用機器再商品化法」（家電リサイクル法）が使用済みの家電製品の解体と再資源化をメーカーに義務づけている。
(6) J. Y. Tabb & A. Goldfarb, *Workers' Participation in Management*, 1970.『経営参加』本間・磯部訳，19～21ページ。
(7) 石田磯次「西欧労働者の経営参加拡大への動き」上・下，『同盟』1974年，9・10月号。
(8) 菊池敏夫「日本的経営参加の探究と検討」，『同盟』1975年4月号。
(9) 菊池敏夫『現代企業論』，90～99ページ。

第7章　企業資本の構造と管理

第1節　資本の調達

1　企業における財務活動

　企業は，経営活動に必要な資本をなんらかの方法で調達しなければならず，また調達した資本をさまざまな形態に運用して資本として機能させなければならない。したがって企業活動のいかなる時点においても，企業に実在している一定額の資本は，一方では調達形態からとらえることができるとともに，他方ではその資本がどんな形で運用されているかという運用形態からもとらえることができる。調達形態は貸借対照表の貸方に，運用形態は借方にそれぞれ表示されているが，資本の調達がどんな方法で行われているかは，企業の資本構成に反映し，企業の財務的安定性を左右する基本要因となり，さらに資本がどのように運用されているかは，企業の資本収益性および財務流動性に重大な影響を与える要因となる。また調達形態と運用形態の有機的な関係がいかなる状態にあるかは，企業の安全性，収益性および流動性を規定する重要な要因となるのである。かりに固定資産に投資・運用されている資本の大部分が，短期借入金によって調達されているという状態では，企業の財務状態は決して健全なものとはいいがたいであろう。このような企業における資本の調達と運用という2つの側面は，現実の企業においては財務活動として展開され，管理職能として財務管理の対象領域となり，また経営学では経営財務論・財務管理論・企業金融論とよばれる分野の研究領域を形成している。ところでこのような企業における資本の調達・運用活動を対象とする研究は，その目的，研究方法，重点のおきどころによって，多様な接近方法が試みられている。主要な型としては，資本調達に重点をおく伝統的な企業金融論（corporate finance），および資本の

運用・調達の両側面を統一的研究対象とする管理的財務論などがあるが、これらの型もかならずしも明確なものではなく、さらに新しい方法として企業の資本運用を資産選択の観点からとらえ、つぎに資本調達の問題を解明し、さらにそれを金融経済の構造と関連づけ、個別企業の資本の分析からマクロの資本供給の構造までを解明したセイモア・フリードランドの『企業金融の経済学』(Seymour Friedland, *The Economics of Corporate Finance,* 1966) のように経済学的接近も試みられている。いずれにしても、企業の資本調達・運用活動の背後には投資家・資本市場が存在し、他方には金融機関が資本供給機関として存在しており、経営財務活動はこれらの資本源泉との関連を無視してはありえないから、管理的財務論の立場からする研究においても、企業内部の資本運用を研究対象とするだけでなく、外部資本源泉との関連をも研究の対象とする必要があろう。[1]

2 企業の資本調達と資本構成

資本の調達方法を株式会社にかぎってみると、(1)株式の発行、(2)利益留保、(3)減価償却、(4)社債の発行、(5)借入金、(6)買入債務などの諸方法があるが、これらの資本調達方法については、3つの観点から考察することができる。

第1に、資本源泉が企業の内部にあるか外部にあるかという点であり、利益留保と減価償却による資本調達は、いずれも新たな貨幣資本を企業の外部源泉から調達する方法ではないから、これらを内部金融または自己金融とよんでいる。これに対して、株式・社債の発行、借入金、買入債務などの資本調達方法は、出資者・社債権者・金融機関・取引先など企業外部の資本源泉から資本を導入するものであるから、これらを外部金融、外部資本調達とよぶ。内部金融の可能性は、企業の収益力、税制、経営者の利益処分政策などの要因によって規定されるのに対し、外部金融の可能性は、企業の収益力のほかに、資本コスト、株式や社債の引受、消化市場の条件、金融市場の動向など資本供給市場の諸条件に制約される。

第2に、企業の資本調達方法を、資本の帰属関係から自己資本および他人資

本の調達に区別して考察することができる。この場合，自己資本は企業会計上の資本（資本金および剰余金）を意味し，株式発行，利益留保が自己資本の調達を意味する。一定期間におけるフローとしての資本調達において占める自己資本と他人資本の比重は，一定時点におけるストックとしての資本構成に反映し，この資本構成を示す指標として企業の総資本に占める自己資本の比率，すなわち自己資本比率が用いられる。わが国における企業の資本構成については，企業の体質的改善の要請から，その是正がしばしば強調されてきた。自己資本比率は戦後から1970年代前半までは継続的な低下傾向を示していた。しかしながら，1970年代後半から借入金圧縮などの努力により，自己資本比率は顕著に上昇傾向を示している。

　第3に，企業における資本調達は，その調達すべき資本を国内に求める方法と外国に資本源泉を求める方法に区別して考察することができる。とりわけ資本の国際化という経営環境のもとで，資本源泉を外国に求める企業が増加している。民間企業における外国資本の調達ないし導入は，次の4形態のいずれかまたは相互の組合せによって行われる。(1)技術外資の導入，(2)外国人（個人・法人）による株式取得，(3)外国金融機関からの借入金，(4)外債発行，がこれである。[2] ユーロ市場の急速な成長とともに民間企業の外国資本の調達は大きく変化しつつある。国内と比較して起債条件が緩い外国市場で社債やＣＰなどを発行したり，スイスなどにおいて低金利の資本調達を行うなど，外国資本の調達機会の拡大および多様化，調達条件の改善などが進行しつつある。

3　自己金融

　自己金融の方法および企業の自己金融力に影響を与える要因について考えてみよう。

　すでに述べたとおり，企業の資本調達は企業外部から株式発行・社債発行・借入金などによって行われるほか，企業内部に利益を留保したり，あるいは固定資産の減価償却を積立金の転用によって行う方法がある。これを自己金融（Selbstfinanzierung, self-financing）または，内部調達（internal financing）

とよんでいる。このように自己金融は，出資によらないで企業自身が企業内部に留保し，または準備した積立金を利用するものであるが，これらのうち，まず利益留保についてみよう。企業の利益は年度決算において処分され，この処分の結果，企業利益の一部は税金・配当などの形態で企業外部に流出し，他の一部は積立金の形態で企業内部に留保・蓄積される。この関係は次の式で示される。

$$P = Pr + Pt + Ps + Cd$$

この式は利益処分の内容を示し，Pは純利益，rは内部留保率，tは税率，sは役員賞与率，Cは資本金，dは配当率としたものであるが，企業内に留保される利益部分を規定する要因は，第一次的にはPの大きさであり，ついでt, s, dの諸要因によって規定されることを意味している。したがって内部留保の大きさは，税制，企業の収益力，利益処分政策によって定まるものといってよい。これらの蓄積利益剰余金による自己金融に対して，つぎに減価償却引当金による方法がある。減価償却は企業の固定資産の消耗部分を回収する会計的手続きであり，固定資産の更新時期に至るまでの期間は，必然的に流動化した資金が企業中に蓄積されることになるが，これらの資金はつねに減価償却積立額だけの現金として企業内に存在するわけではない。この資金は実際には運転資金，設備拡張，負債返還，株主配当などにも利用され，結果として資本調達機能を果たし，固定資産に拘束されていた資本が減価償却によって流動化され，明らかに利用可能な資本が調達されたことになる。しかも実際には税法上の特別措置・加速度償却および技術革新による設備陳腐化の予想困難などによって，固定資産耐用年数の範囲に限定されずに，より短期に償却される傾向があるため，減価償却は自己金融の重要な手段となるのである。設備投資に占める減価償却の比率は，内部金融比率または自己金融力の指標として利用されるが，減価償却費をD，期末有形固定資産残高をK，設備投資額をGとすると，減価償却対設備投資の比率D/Gは，次式のとおり減価償却率$D/(K+D)$と純資本の成長率$G/(K+D)$の2つの要因に分解される。

$$D/G = D/(K+D) \div G/(K+D)$$

したがって D/G の変化は，税法上の減価償却制度の改正などによる減価償却率 $D/(K+D)$ の変化，および設備投資の活況や停滞などによる純資本ストックの成長率 $G/(K+D)$ の変化を反映するのである。

　企業の必要とする資本を以上のような自己金融によって調達する場合には，株式発行，社債発行，借入金による外部資本の調達と異なり，企業が外部金融市場および資本市場の諸条件の変動を直接的に受けることはなく，また外部資本の調達に伴う株主および債権者の経営政策に対する介入を排除できるために，経営計画および投資計画に自立性が与えられることは否定できない。

（注）
(1)　菊池敏夫『企業金融と資本市場』53〜54ページ参照。
(2)　菊池敏夫『企業金融政策』第6章第2節，外資の調達形態，144〜147ページ参照。

第2節　資本運用の形態と管理

1　資本運用の形態

　企業の調達した資本が，どのように運用されるかによって，企業の収益性や安全性が規定されるといってもよい。なぜなら，企業における資本の運用形態は形式的には貸借対照表の資産の部に表示されているが，この資産の量的・質的な変動は，企業収益の基本的な指標である総資本利益率に直接関連しているからである。したがって，企業がいかに有利な方法で，巨額の資本を調達しても，その資本の運用形態のいかんによっては，かえって経営の不安定化をまねくことがしばしばある。ここではまず資本運用の形態を会計上の観点から固定資産と流動資産に区分し，次に金融的な観点から実物資産と金融資産に分け，それぞれの内容と相互関係をあきらかにしておこう。

　まず第1に資本の運用形態を企業会計的に分類すると，固定資産と流動資産に分けることができる。流動資産が経営活動の過程で短期間に現金化され，かつ循環的性格をもつのに対し，固定資産は，通常換金のために処分されることはなく，長期間企業内部において使用される。固定資産は具体的には次のような資産を内容としている。

(1) 有形固定資産 (tangible fixed assets) ……建物，構築物，機械装置，船舶，車輌運搬具，工具器具，備品，土地，建設仮勘定など
(2) 無形固定資産 (intangible fixed assets) ……営業権，特許権，地上権，商標権，実用新案権，意匠権，鉱業権，漁業権など
(3) 投資その他の資産……投資有価証券，関係会社株式，関係会社社債，関係会社出資金，長期貸付金，株主，従業員に対する長期貸付金，投資不動産など

　企業にはいってきた資本が，一度固定資産の形態に運用されると，短期間に現金化されず，長期間，資本は固定化するために，固定資産への資本運用の決定は，企業の経営活動に重大な影響を与える。次に固定資産に対比される資産

運用形態は流動資産であるが，流動資産は次の資産を内容としている。

　(1) 貨幣性資産（monetary assets）……現金，預金，受取手形，売掛金，未収金，短期貸付金，一時所有の市場性ある有価証券など

　(2) 棚卸資産（inventories）……商品，製品，副産物および作業屑，半製品，原材料，仕掛品および半成工事，消耗品，消耗工具・器具・備品など

　これらの流動資産への質的・量的な資本の運用方法は，企業の収益性や流動性を大きく規定する要因となり，たとえば貨幣性資産の不足は企業の現実的支払能力を示す当座比率（当座資産÷流動負債×100）を低下させ，また棚卸資産の過大は，いわゆる固定的流動資産の過大から，総資本回転率（売上高÷総資本×100）の低下，総資本利益率（純利益÷総資本×100）の低下をまねく原因となる。以上の固定資産および流動資産のほかに企業会計では繰延資産（deferred assets）——創立費，開業費，新株発行費，社債発行費，社債発行差金，開発費，試験研究費，建設利息など——の資本運用形態を区別している。

　ところで企業資本の運用形態は，上記の会計的な区分とはちがった金融的視点からも分けてとらえることができる。それは金融資産（financial assets）と物的資産（real assets）という区分である。ここで金融資産というのは流動資産中の貨幣性資産と投資勘定をさし，物的資産は，物的資産＝総資産－金融資産で示される。これらの金融資産と物的資産の短期的な変化は企業の収益性，流動性を規定する要因となり，とくに金融資産の内容の変化は企業の財務状態を把握するうえに重要な指標となる。また物的資産と金融資産との比率の長期的変化については，巨視的な観点からゴールドスミス（R. W. Goldsmith）が金融相互連関比率（financial interrelations ratio）によって1つの仮説をたてている点に注意したい。[1]この仮説は，経済発展に伴って金融相互連関比率が高くなるというもので，金融相互連関比率とは，Fを金融資産残高，Kを物的資産とすれば，この比率F/Kを意味し，同じ投資が行われるにしても，物的資産の投資増加に対応する金融面の動きは，金融資産が物的投資に対応して1対1ではなく，もっと高い比率であらわれる傾向があるというのである。ゴールドスミスの長期的・統計的分析によると，この物的資産と金融資産の比率

F/K をアメリカについて歴史的にたどってみると，上昇傾向がはっきりと示されている。このような巨視的分析の指標は企業の分析にも適用されるものと考えられる。

2　資本運用の管理

　企業の調達した資本が，どのように運用されているかは，貸借対照表の資産の部に表示されるが，この資本の運用効率の指標は資本利益率によって示される。もともと資本利益率は，次式の示すように，売上マージンの指標である売上高利益率と資本の活動性の指標である資本回転率とが合成されたものにほかならない。

$$総資本利益率 = \frac{純利益}{売上高} \times \frac{売上高}{総資本}$$

　したがって，資本運用効率としての総資本利益率を予定するには，売上高利益率ならびに総資本回転率を見積らねばならないことは，上の式をみれば容易に理解できよう。利益率ならびに回転率は，さらに細部の経営活動を反映した指標からなりたっており，ハワードおよびアプトンはこれらの指標を次のように体系づけている。[2]

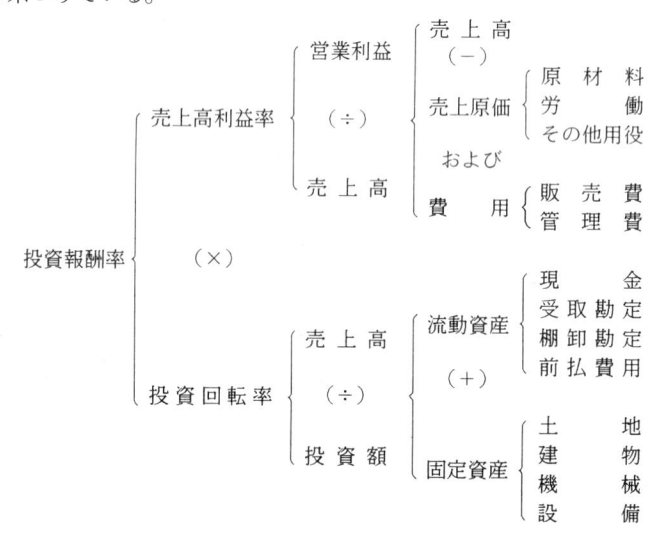

```
                          ┌ 営業利益   ┌ 売上高
                          │           │ （−）      ┌ 原　材　料
              ┌ 売上高利益率 ┤  （÷）     │ 売上原価   ┤ 労　　　働
              │           │           │           └ その他用役
              │           └ 売　上　高 │ および
              │                       │           ┌ 販　売　費
 投資報酬率 ┤  （×）                    └ 費　　用 ┤
              │                                   └ 管　理　費
              │                       ┌ 流動資産 ┌ 現　　　金
              │           ┌ 売 上 高  │         │ 受 取 勘 定
              │           │           │         │ 棚 卸 勘 定
              └ 投資回転率 ┤  （÷）    │ （＋）   └ 前 払 費 用
                          │           │         ┌ 土　　　地
                          └ 投 資 額  └ 固定資産 │ 建　　　物
                                                │ 機　　　械
                                                └ 設　　　備
```

166

資本利益率の上昇を図ることは，売上高利益率，資本回転率の増加を計画することにほかならない。それに売上高利益率の増加は，次の式で示されるように，

$$売上高利益率 = \frac{利益}{売上高} = \frac{収益 - 費用}{売上高}$$

収益と費用との差額としての利益額の増加を図ることであるから，資本利益率を計画することは一方において費用・収益・利益関係（cost-volume-profit relationship）を内容とする計画化である。他方，資本利益率の増加は資本回転率の増加によっても達せられる。資本回転率の上昇は，売上高に対し，投下資本を抑制し，回転効率を高めることを意味している。このようにみると資本効率としての総資本利益率の計画は，その内容に次の2つの領域をふくんでいるのである。(1)経営活動における収益・費用を統制するための収益計画と費用計画，(2)投下資本の効果的利用を図るための資産在高の計画がこれである。いうまでもなく資本利益率は，利益額と投下資本との比率であるから，目標利益率の設定には，その前提として，利益目標額を算定しなければならない。利益目標が得られれば，次に計画期間中の収益と費用の目標が算定されねばならない。さらに収益・費用・利益の関連分析だけでなく，資本利益率を規定するもう1つの要因，資本回転率の算定が必要である。

3　資本回転率の規定要因

このように資本運用効率の指標である資本利益率の向上を図るためには，収益・費用・利益の関連分析のみでは不十分で，資本利益率のもう1つの規定要因である資本回転率の増大を図らねばならないが，資本の回転を促進させることは，とりもなおさず企業の所有しているあらゆる諸資産の回転速度の上昇を図ることにほかならない。しかし経営行動の基本目標が，市場占有率の拡大や売上高中心主義を基本として設定されているときには，固定的資本の増大によって資本回転率を低下させ，資本回収点が上昇し，収益力が弱まることに注意すべきであろう。たとえばシェア拡大をいそぐ過大な設備投資が行われたり，販売体制拡大の積極策が，既存販売機構の系列化，販売経路の短縮化などの形

167

で展開すると販売企業に対する投融資が増大し，資本の固定化部分が増大して，資本回転率を低下させる要因となる。さらに資本回転率の低下要因として見逃しえないのは，関係会社投融資のほか，企業間信用など，いわば経営外資産の膨張があげられる。また系列企業の管理，指導に要する本社費用（管理費）は増大し，あるいはメーカー自身の手による小売，または消費者への直送に要する販売経費が増加するなど，管理販売費がいっそう膨張することとなる。このように売上高の増大，そのための販売機構の合理化，大量販売を意図した結果が，関係会社投融資の増大，管理販売費の増加となり，それが資本費用の増大傾向と重なって固定費負担の増大をまねくこととなる。わが国ではこうした傾向が過去数年間の活発な設備投資と，販売体制の再編成とによって各業種に共通して現われており，これが資本回転率の低下要因の1つとなっている点に注意したい。もちろん，あらゆる企業の資産は収益活動との間に特定の関係を有しているから，それらの資産の回転率のみの上昇を図ること，すなわち投下資産量の抑制を企図するわけにはいかない。一般的にいえば資本回転率の上昇，つまり資本回収点低下のための条件は，固定的資本の在高が低いこと，第2に変動資本率（変動資本対収益の比率）が低いことである。したがって目標利益の設定にあたっては，長期的な観点から総資産の低減対策をたてて資産額についての目標を具体化する必要がある。たとえば材料，仕掛品，製品在庫，固定資産，売掛金などについて，それぞれ資産の低減目標の設定が必要となる。

① すなわち第1に固定資産と売上（生産）高との関係であるが，一般に製造業の場合にはその固定資産の大部分は生産設備であるが，固定資産すなわち生産設備の金額は短期的にはほぼ一定と考えられるから，回転率の増加は，一定の生産設備をもって，より多くの生産高を達成すること，すなわち操業度を高めることに相当するのである。さらに固定資産の増加は，損益分岐点の上昇をもたらし，損益分岐点を上まわる売上を実現しなければならないから，必然的に売上（生産）高を増加させようとする圧力が加わることになる。このことは単に物的な設備についてのみいえるのではなく，関係会社投融資についても物的な固定資産と同じことがいえる。生産

系列または販売系列の強化をめざして関係会社への投融資が増大すれば，物的固定資産の増大と同様に，それだけ損益分岐点は上昇し，資本の回転率は低下し，したがって総資本利益率の低下をまねくことになる。

② 第2に，売上（生産）高に対して流動資産を最低限におさえることである。そこで売上（生産）高と流動資産との関係をみると，流動資産は現金・預金，受取勘定，在庫であるから支払能力の維持のために一定水準の流動資産の保有が必要であるが，そのなかで資本の固定化部分として特に重要な意味をもつのは長期固定的預金，同じく長期間にわたって累積する売掛金部分ならびに長期固定的な在庫量である。これらの流動資産中の固定的資本が増大すればするほど，資本の回転率は低下し，したがって総資本利益率を低下させる作用をもつ。

ところで，このような性格をもつ総資本利益率に対して，総資本付加価値率という概念がある。これは藻利重隆氏が提唱する指標であり，次のように説明されている。「総資本付加価値率とは，一事業年度における付加価値の総額を総資本の在高で割った比率であり，この付加価値とは，一事業年度における自己資本利潤，他人資本利子および賃金の三者の合計額を意味するものと説明される。したがって総資本付加価値率は，次の式で表現される。

$$総資本付加価値率 = \frac{自己資本利潤 + 他人資本利子 + 賃金}{総資本}$$

$$= \frac{自己資本利潤 + 他人資本利子}{総資本} + \frac{賃金}{総資本}$$

$$= 総資本利潤率 + 総資本賃金率$$

この総資本付加価値率の極大化こそ，営利原則の要請を充足するための具体的原則をなすものと解すべきであろう」（藻利重隆『経営学の基礎』510～11ページ）とされている。これは総資本利潤率の分子に他人資本利子をふくむこと，さらに総資本付加価値率が賃金をふくみ，そこには労働の維持と資本の維持によって企業の維持が可能となるという独自の思考を反映したものである。

第7章　企業資本の構造と管理

（注）

(1)　R. W. Goldsmith, *Financial Intermediaries in the American Economy since 1900,* 1958. chap. 2, 8.

(2)　B. B. Howard and M. Upton, *Introduction to Business Finance,* p.191.

第3節 資本固定化の問題

1 資本固定化の危険

　企業の調達した資本が，どのように運用されるかは，企業の収益性や安全性を規定する基本要因であるから，企業における資本の運用形態すなわち資産の量的・質的変動は，企業収益の基本的な指標である総資本利益率，資本回転率に直接関連している。すでにふれたとおり特に重要な問題は，企業の調達した資本が，運用の段階で固定化する場合には，一方において企業の収益力を弱めるばかりでなく，他方では企業の短期的な維持にとって必要な運転資本の不足をひきおこすことである。資本固定化の具体的な形態は，設備投資による物的資本の固定化のほかに，関係会社投融資，企業間信用（売掛債権）といった形態での経営外資産の累積の形をとり，これらは全体として資本回転率の低下要因となり，したがって総資本利益率の低下をもたらす要因ともなる。こうした資本の固定化部分の累積がつづくかぎり，一方においていかに巨額の資本が調達されても，調達された資本の効率は低く，企業の収益力の増大に直接寄与することはすくない。以上の観点からすれば，企業レベルでの企業収益ないし資本効率向上の基本的な課題は，設備投資，在庫投資，関係会社投融資および売掛債権に対する投資計画ならびに管理が，量的拡大の観点からではなく，企業本来の採算視点に立って，すなわち利益計画をベースとして推進されねばならないということである。量的拡大をねらう経営行動の結果として，資本の固定化は収益力を弱める要因となるばかりではない。それは企業の短期的な維持，存立に不可欠の運転資本の不足を生ぜしめる危険をもつ。企業にとって運転資本の絶対量の不足は何を意味するだろうか。デューイングは，こう述べている。[1]

　「運転資本は，会社構造の血管と動脈を貫流する生命血液である。それは組織のあらゆる部分を活気づけ，頭脳と筋肉とに勇気と士気を与え，恒久的正常的な流れによって，材料を最もよく消化し，急速に清純化し，心臓（現金勘定）に至って，ふたたび他の活動に出るものである。したがって運転資本が不

足したり遅れるときは，財務的身体は弱体化する。流れが止むと身体は死ぬし，肉魂の価値しか残らない」。

2 固定資産投資の課題

資本の固定的形態のなかでも，とりわけ設備投資は一般に固定費・損益分岐点の上昇をもたらし，それが総資本回転率の低下と総資本利益率低下の要因となることはすでに述べたとおりであるが，設備投資は固定資産投資であるから，一度投下されると短期間に資金化されず，資本が固定される結果，設備資本支出の決定は企業の運命を左右するほどの重大な意味をもってくる。したがって企業の立場からすれば，設備投資計画は，特に長期的観点から慎重に検討されなければならない。ランドウは，設備投資計画の立案にあたって注意すべき項目を次の6点に要約している。

(1) 資本拡大・設備取替えは，売上額に適合されねばならない
(2) できれば資本拡大の年次計画は秩序正しきプランにもとづいてなされなければならない
(3) 資本投下の収益性が長期的観点から吟味されなければならない
(4) 建設契約や設備の敷地・諸権利，水利権などがまえもって契約されねばならない
(5) 資本投下は，企業の資金計画と一体化され，内部資金・外部資金などの諸源泉を定めなければならない
(6) 大規模な設備資本支出は景気の沈滞期に実施することが経済的である。なぜなら価格下落による資本支出の節約と好況時に備えて設備を有効に稼動しうるから

としている。

要するに設備投資は，利益目標として総資本利益率や，それを規定する総資本回転率に大きく作用するから，すべての企業にとって収益性と安全性の長期的観点から根本的に検討を必要とする問題であることを示している。

(1) 設備投資計画

　すでに述べたとおり，設備投資は資本運用政策の基本目標である資本収益性と財務流動性を規定するものであるから，長期的な観点から，代替的な比較評価にもとづいて選択的に決定すべきものである。このような意味から設備投資計画は代替的なプロジェクト・プランニング（project planning）とよばれるように，設備投資は一時的な必要によって決定するのではなく，長期的な採算視点に立って徹底的に検討したうえで決定されなければならない。すなわち投資について，あらゆる可能性を探求して選択的に比較評価し，そのなかで最適の計画を採用することが必要である。設備投資の評価方法として，投資の経済計算が重視されなければならないが，単に経済計算だけでなく，それ以外の諸要素や問題点についても，十分に検討して総合的な判断を基礎として決定しなければならない。設備投資はこのようにして長期的な見地から，総合的に検討されねばならないが，2つ以上の代替的な投資プロジェクトの投資効率の比較が経済計算として行われ，比較選択のための基礎資料として提供されなければならない。比較のための経済計算には，次の5方法などがある。

　(イ)　原　価　比　較　法
　(ロ)　利　益　比　較　法
　(ハ)　内　部　利　益　率　法
　(ニ)　正　味　現　在　価　値　法
　(ホ)　回　収　期　間　法

　これらの計算方法のうち，どれを採用するかは設備投資の種類によって考慮されるべきで，たとえば取替投資の場合には原価や費用の引下げが目的となる場合が多いので，原価比較法がとられたり，設備の新設，拡張の場合には費用のみでなく，収益も異なるから利益比較法によるというように，また投下資本額が異なる場合には，内部利益率法による比較が行われる。特に理論上は，(ハ)内部利益率法と(ニ)正味現在価値法の優劣が論じられており，たとえば代替案のない独立投資の場合，正味現在価値法では，正味現在価値（将来収益の現在価値から投資額を減じた差額）が正であれば一応有利な投資と判断される。したがっ

て資本に余裕のある場合には正味現在価値の正である独立投資はすべて採択されてよいことになる。この場合内部利益率法を適用すると，利益率が資本コスト以上であれば有利な投資と判定することができる。ことに資本に制限のある場合にはすべてのプロジェクトを利益の順位に配列して，利益率の低いプロジェクトから切りすてることが合理的となる。こうした経済計算は設備投資の性質，資本額，独立投資か代替投資かによって採択されるべきものであり，一般的に優劣を論じがたい。

(2) 操業度維持政策

設備投資が行われたあと，使用資本が固定化し，費用面における固定費の比重が高まると，資本運用政策の課題は設備の高率利用による資本回収を推進することにしぼられる。設備投資が生産の集中化や量産化によるコスト面の効果を期待して行われても，操業度が低水準であれば，固定費負担の増大から企業の収益性や流動性はかえって低下するからである。特にわが国の企業は，変動費に対する固定費の割合が35～40％に達する場合が多いから，操業度維持政策はきわめて重要な性格をもっている。すなわち損益分岐点の売上高線が高いので，操業度が低下すると，利益は加速度的に激減する。高い操業度を維持することは，資本の回転率を高くすることを意味しており，たとえば操業度40％の場合と80％の場合では，その生産能力を1万台とすれば，それぞれ4,000台，8,000台であり，生産設備の金額は同一であるからその回転率は1対2となる。したがって固定資産の回転は，製造業の場合，主として操業度に依存するといってよいのである。そこで資本の効率的運用のためには，企業はあらゆる努力をかたむけて操業度の維持につとめなければならず，販売政策，生産政策は高操業度維持の具体策をうちださなければならない。

アイ・ウェイン・ケラー（I. Wayne Keller）氏は，設備の利用について注意を向ける必要性を，次のように述べている。

「工場においては，遊休機械時間は製品の単位原価を増加させるだけでなく，販売に供しうる製品の質をも低下させる。利用されていない機械設備があればそれは利益をあげるうえで障害となり，そのためにいつでもそれだけ利益の減

少をまねくことになる。原価と価格の開きが異常に少ない場合に，こうした利用されない機械設備をもっていることは企業にとってきわめて危険である」。[3]

3　経営外資産の管理

(1)　関係会社投資

　企業の資本運用にあたって，固定資産と同じように重視されるべき資産は関係会社投資および売掛金などのいわゆる経営外資産である。企業がいかに多くの資本を調達しても，これらの資産形態で資本が企業外部に累積されれば，それは総資本の回転率ならびに総資本利益率の低下をもたらす要因となるからである。また関係会社投資および売上債権は，資本の固定化形態であるから，これらの資産の増大は，流動性を低下させ企業の支払能力である運転資本不足の要因ともなる。さらにこれらの資産は，企業の外部に蓄積されるものであるから，投資先の関係会社の業績不振や，売掛金の保有対象となる企業の不振によって回収不能の資本に転化するリスクを内包していることにも注意しなければならない。

　したがって経営外資産への資本運用にあたっては，第1にこれらの資産の発生段階のチェックと，第2に発生後の管理が資本運用の効率と安全性のために不可欠の施策となるのである。

　経営外資産を形成する関係会社投融資の資本運用問題をとりあげるために，まず関係会社の性格についてふれておきたい。

　関係会社と普通よばれているものの中にはその発生過程，親会社に対する貢献の程度，または種類という点で複雑な型を持っている。関係会社の発生過程を分類してみると次のように分けることができる。その第1は，事業の規模が，ある一定の水準に到達したときに，これを分離して，または分割して独立させるという形の，いわゆる子会社がまずあげられる。第2の型は，たとえば資材供給部門とか，または部品・製品部門といった下請関係に対して資本参加を行い，これが子会社として関係会社になってくる。比較的多くの中小企業が，こういう型の関係会社に属する。第3のタイプは主として金融上の理由から親会

社の出資をあおぎ，関係会社を形成するというケースである。第4は，販売網とか販売系列を強化する，または販売系列を拡大するという必要から発生する販売網——親会社にとっては販売店，または代理店という型の貢献をする関係会社がある。第5に，新規の事業を始めるために，これに出資して，子会社で運営していく。共同出資会社，外資との共同出資会社等は，この第5の型にはいるものが多い。

　これは発生過程からみたものであるが，さらに機能的に，働きのうえから関係会社を分類すると，主として生産系列の中にはいる関係会社と，販売系列の中にふくまれる関係会社，の2つに分けることができる。

　資本の効率的運用という観点から，関係会社投融資の問題を考えてみると，まず関係会社投融資の管理ということが問題となる。非常に大きな額の関係会社投融資が実際に行われているが，この投融資が，成長計画の結果として行われ，それが危険な要素をもつのは，資本の固定化，運転資本の不足，不良債権化，または収益性の低下という問題に関連するからである。したがってこの管理が十分に行われるかどうかが，資本運用の観点から重要な意味をもってくる。

　関係会社管理の実践にあたっては種々の方式が考えられているが，利益管理方式，事業計画管理方式，業務管理方式，投融資管理方式などのほかに，多くの企業に共通したものとして資金管理方式がある。資本運用政策の立場から，これらの管理方式のなかでは投融資の管理が中心となることはいうまでもないが，関係会社投融資の管理においては，どの点に問題があるかといえば資本固定化に伴う収益性，流動性の低下の危険をいかに排除するかがポイントとなる。その場合，問題となるのは発生段階である。

　企業にとって重要な資本を成長計画にもとづいて，たとえば生産系列なり，販売系列なりに投融資していくという場合には，そこに，やはり投資額，融資額を何らかの意味で保全していく基準がなければ，投融資が無計画に基準なしに行われ，これが発生段階において最も危険な問題となる。したがって企業の成長計画にそって投融資が行われるときには，そこに一定の基準が必要になってくる。この基準をどういう形で設定するか，投資または融資について，投資

には期間を1つの基準に，さらに受取配当，および受取利息等を1つの基準として設定しなければならない。その基準に合わない投融資は事前に発生段階でチェックしていくことでなければならない。回収不能債権を持ってしまってからでは遅く，むしろ発生段階で基準を設定することによって投融資を事前にチェックしていくことが必要である。

(2) 企業間信用

企業間信用は，関係会社投資と同じように金融資産であり，同時にこれもまた経営外資産に相当する。企業間信用比率（企業間信用／平均売上高）の上昇は，総資本回転率の低下に対して，多くの場合，対応を示している点に注意したい。すなわち，企業間信用が増大し，企業間信用比率が上昇すると，一方でいかに多くの資本を調達しても，それらの資本は運用面で固定化し，回収されないまま経営外資産として累積し，資本の回転率は低下し，資本の効率は低下する。したがって，逆に企業間信用比率が低く，売掛金回収率が高ければ，より小さな資本で，効率の高い資本の回転が可能となる。

ところで，こうした企業間信用の増大は，設備投資の動向と決して無関係ではないのである。設備投資の多面的な効果ないし作用の1つとして無視することのできない側面であるといってよい。なぜなら設備投資の展開は，生産能力を拡大し，それに伴って企業間競争をいちじるしく激化させるが，市場競争は一方において価格競争の形で，他方において非価格競争の形で展開し，耐久消費財，生産財関係の分野では多くの場合非価格競争が，決済条件の競争として展開されるからである。こうした競争形態では，延べ払いをはじめ，決済期間が長期化し，これが長期化すればするほど競争上優位を占めることになる。こうした競争形態は当然，企業間信用を増大させる要因となることは明らかである。もう1つは，成長過程では企業の目標がしばしば売上高の増大，市場占有率の拡大，生産能力の拡大をめざした量的成長に求められるために，企業活動がそうした目標にそって，たとえば，売上目標達成率を中心に推進される傾向が支配的となる。販売活動は，受注活動，回収活動，サービス活動といった3つの基本的機能を内容とするにもかかわらず，売上目標の達成がすべてに優先

する体制のもとでは，販売活動が全面的に受注活動として展開され，回収活動や回収率の低下を軽視する傾向を生みやすい。その証拠として企業における回収率向上の努力が真剣にとりあげられるのは，不況局面をむかえてからが多いことである。多くの企業が業績評価の体系を再検討し，売上目標中心の評価体系から回収率や社内金利までをふくむ新しい採算主義の業績評価体系を編成するのは，不況期にはいってからの反省の意味をもっているのである。

　また売上高を増大させるために，決済条件を長期化する場合，いわゆる受注基準なり，決済条件の基準がくずれていく傾向がある。企業間信用比率の上昇は売掛債権の増大を意味し，関係会社投資と同じように，経営外資産の形態で，固定した資本部分が増加することであるから，資本効率，すなわち，資本回転率および総資本利益率の低下要因となることはいうまでもない。しかもそれが，売上高中心のシェア競争，量的拡大の経営行動にその基本的な誘因があるとみることは誤りではないであろう。

　経営外資産として固定化している資本部分は，資本運用の効率化という点から，管理の対象として重視されなければならない。ウェルシュ（Glenn A. Welsch）は，こうした資本の固定化を伴う投資について，次のように警告を与えている。[4]「投資は一般に，多額の貨幣をかなり恒久的に拘束することを意味するから，その決定は，企業の経済的健康状態に対して，長期にわたって重大な影響を及ぼすものである。この事実はトップ・マネジメントによる周到な分析と慎重な計画とが必要であることを示唆している。投資に関する無思慮な決定は，しばしば企業の財務的健全性に致命的な影響を及ぼすことなしには訂正しえないであろう」。

（注）
(1) A. S. Dewing, *Financial Policy of Corporations,* memorandum.
(2) J. M. Landow, *Fixed Capital, Financial Handbook* by Bogen, p.742.
(3) I. Wayne Keller, Capacity Utilization Studies for Cost Control and Reduction, *N. A. A. Bulletin,* July 1958, Sec. 2, p.38.

⑷ Glenn A. Welsch, *Budgeting ; Profit-Planning and Control.* 邦訳『企業予算』，207ページ。

第8章　企業の市場行動

第1節　企業の価格政策

　現実の企業間競争は，企業の市場における価格競争の形で展開されていると考えられているけれども，つねに価格競争として展開されるわけではない。特に市場価格が，いろいろな理由から統一性ないし硬直性をもつ製品分野では，値下げを主とした価格競争の効果はほとんど存在しないだろうから，企業はその競争政策の焦点を，価格とは別の側面に求めなければならない。こうした企業の市場における行動をここでは考察してみよう。

1　価格政策の意義

　価格政策とは，企業が市場の諸条件に応じてその製品または取扱商品，あるいはサービスの価格を任意に操作しようとする一連の意思決定および計画的活動を意味する。[1]

　価格の決定は需要量に影響し，企業の収入の枠を決め，利益の大きさを決めることになるから，それがどのような水準に決められるかは企業にとって重大な意味をもっている。価格政策の目的は，基本的には経営計画によって設定された目標利益を達成することにあるが，具体的には販路拡大，販売高増大，取扱商品の信用維持，運転資金の回収または在庫整理などを直接目的として行われる場合が多い。価格政策が目標利益の達成を基本目的とするといっても，決められる価格は市場の諸条件に適合していなければ意味がない。したがって，価格は，それ自体を企業内外のいろいろな要素から，切りはなして決定すべきものではなく，競争関係によって形成されている市場価格の一般的水準と，製品自体の原価，品質，長期的需要の弾力性などと調和のとれたものでなければ

ならない。

　価格政策において製造業者と販売業者の立場はおのずから相違している。すなわち短期的に考えるとき製造業者の価格政策は，会社の製品政策や製造原価に強く支配される傾向があるのに反し，販売業者の価格はむしろ市場価格への依存度が強く，価格政策は市場の影響をより強く受けやすい。製造業者は均一の工場渡価格を決めて運賃の実費を相手に負担させるとか，逆に買手に同一の価格で引渡す引渡価格制をとることもある。もちろん各種の差別価格制をとることもあるが，有標品を生産する力のあるメーカーは，卸売業者および小売業者と契約をむすび，販売の各段階とも自己の定めた売価を維持させ，利幅および消費者価格を統制しようとする。これを再販売価格維持政策という。また販売業者は，価格を通じて購買意欲を喚起するため均一価格政策のみにたよらず，差別価格制や，売価に端数をつける端数価格政策を採用することがある。一定期間安い価格で特価売出しを行ったり，逆に仕入条件の多少の相違を無視して消費者に親しまれている慣習価格をあえて維持するということもある。いずれにしても製造業者の価格政策が原価依存傾向をもつのに対し，販売業者のそれは市場依存傾向をもつことは否定できない。しかし，価格決定にあたっては，製造業，販売業に共通した価格政策の一般的原則ともいうべきものが存在している。

　第1に，価格は商品別に当面する異なった競争条件に対応して個別的に決定しなければならないが，それは各商品の価格をバラバラに決定するということではなく，取扱商品全体の価格が，企業の目標利益の達成に寄与するように有機的な関連をもって決定されることが必要である。

　第2に，価格に関する企業の意思決定は，限界原価を下限とし，競争企業の競争製品の市場参入を許さない価格水準を上限として，この2つの限界内の選択意思決定（例外もあるが）であるから，価格決定にあたってはこの上限と下限に関する正確な資料を準備しなければならない。

　第3に，価格は市場の諸条件の変化に対応できるように弾力的であることが望ましいが，価格を短期間にひんぱんに変更することは，企業と製品の社会的

信用を維持するうえに大きなマイナスとなることに注意すべきである。

　第4に，新製品の価格決定は，予測を的確にし，組織的な価格付けを行うべきであり，また取替部品などの価格は細かく組織的に分類して決定すべきである。

2　価格政策と生産・販売条件

　価格政策において原価は重要な意味をもっている。売手の原価の全体に正常利益のパーセンテージを加えて価格とする方法は，もっとも普通に行われている価格決定方法である。上記のような原価プラス方式による価格決定方法に関しては，1）競争関係が反映しない，2）簡単で算定しやすい，3）安全性がある，4）短期的利益最大化に合致する，など各種の長短が指摘されるが，この方法は販売量の予測をまず行い，次にある一定率の利益を原価に加える方式であるといってよい。ただし全部原価を実際に価格決定の基礎とすることには問題がある。それは，販売数量の変化によって，単位当たりの全部原価は大きく変動するからである。たとえば設計費，材料費，管理費，試験費などの役割をみれば十分であろう。

　そこで価格政策において，どのような価格決定方式をとるかについて，製品のおかれている競争関係，需要の見通し，新製品かどうか，など各種の要因を考慮することが必要である。たとえば製品の品種・特性・競争関係を考慮して，次のような価格政策が考えられる。

　第1は新たな注文品に対する最初の売り出し価格の決定方法に関してである。この場合は「原価プラス適正利潤」によって価格が形成されることが建前であるが，しかし，それがまったくの新製品であるか，競争的な新規受注品であるかによって若干異なってくる。

　第2は，極度の競争下にある製品の売価下限をどこにおくか，についてである。この場合はたとえば，売価が原価の全部補償を期しえないとしても，企業全体としての収益増加を図らなければならないが，それにしても変動費を割った価格に落ち込むことは絶対に許容することはできないはずである。つまり

183

「売価の最低許容価格」は限界利益線(marginal income)と等しい。

　第3に,多品種生産・販売の場合,有利品種の選択,または有利品種間の組み合わせ割合の決定と売価の関連についてである。この場合は,その前提に,設備の共用,生産品種の転換が可能なことが成りたたなければならない。この場合の有利品種は,限界利益率(marginal income ratio)の高い品種から配列し,その生産・販売の可能性を検討する。もし同一設備を利用して生産能力的に大小がある場合には(限界利益率×生産能力)によって有利性が定まる。

　第4に,不利品種の処置についてである。たとえ不利品種であっても,短期的には,それが限界利益以上の売価が得られる場合直ちに廃棄することは経営全体の絶対利益額の減少となるから,なお,生産を続行する必要がある。しかし費用の全部補償をなし得ない製品を,いたずらに続行することはできないから,いつその生産を中止するのかの決定をせまられることになる。このように価格政策は製品品種政策ならびに操業度政策と密接な関連をもっているのである。

　このように企業の行う価格決定は,市場構造要因,需給関係,コスト要因などから影響を受けるが,これらの要因は価格決定の対象となる商品の生産・販売条件に関連している。

　これらの生産・販売条件は,さまざまな類型をもち,価格決定において,とりわけ原価に深い関係をもつのである。いま,これらの生産・販売条件を分類してみると,次のように類型化できるであろう。

(1) 標準製品か,受注製品か
(2) 多種少量生産か,少種多量生産方式か
(3) 流通業者の手による代売方式か,直売方式か
(4) ライフサイクル(life cycle)の上から成長商品か,斜陽商品か
(5) 自社製品か,仕入商品か
(6) 内作か,外作か(内外作の比率)
(7) 直接費・固定費のウエイトはどれだけか
(8) 主力商品か,付随商品か

ある商品が，これらの類型のいずれに属するかによって，またいくつかの複数の類型に属する場合もあるから，企業の価格決定方法は，商品の種類によってかなり異なったものになるざるをえない。このことはまた，企業における価格決定を，画一的な計算によって行うことを困難にしているということもできる。

たとえば上記の(1)の類型についていえば，大部分の標準化された製品の価格は，市場における競争製品の価格から直接の影響を受けるのに対し，受注製品における価格決定では，原価がより多く考慮されるというような差異がみられる。NACA（アメリカ会計協会）の価格決定に関する調査によると，「調査会社中，受注生産方式をとる会社はすべて次のように述べた。すなわち，価格設定のためには，受注生産の場合のほうが，作業または製品の原価がより多く考慮されていることになる，と。受注製品には，原価をその唯一の重要な変数とする公式によって，厳密に価格づけをしているという例も若干あった」と報告されている。[2]

3　価格決定と原価

商品の生産および販売条件の差異によって，価格決定に影響を与える要因が異なるとはいえ，企業における価格決定では，原価が要素として考慮されることはもちろんである。

多種多様な条件のもとにおかれているさまざまな商品の価格決定において，比較的一般化している方法をあげるとすれば，やはり需給関係による市場価格を考慮して決定する需給決定型および全部原価方式であるといってよいであろう。価格決定方式に関する各種の調査の結果は，このことを示している。[3]

全部原価方式は，総原価＋目標利益によるものであるが，それは次のような要素を基礎にしている。

$P = A + B + C + D + E + F + G + H$

　$P = $ 販　売　価　格

　$A = $ 直接材料費（所要量×単価）

B＝直接労務費（所要時間×賃率）

C＝直 接 経 費（Σ直接経費÷生産量）

D＝製造間接費（Σ製造間接費÷生産量）

E＝直接販売費（Σ直接販売費÷販売量）

F＝間接販売費（Σ間接販売費÷販売量）

G＝一般管理費（Σ一般管理費÷販売量）

H＝目 標 利 益（目標利益÷販売量）

I＝販売見込量

このような価格計算の結果，$H \times I$により，製品の負担すべき目標利益を確認するという方法がとられる。また，こうした方法は，企業の業種や慣習によって，若干異なるところもあるが，一般的にいえば，このような方法が基本であるといってよいであろう。これらの原価諸項目のうち，多くの製造業において価格決定上重要な原価項目と考えられているものは，直接材料費および直接労務費である。企業の価格決定において，直接材料費の計算が行われるが，まず問題となるのは材料費の種類と消費工程である。直接材料となる主要材料の種類は3種類に大別される。

直接材料 { 原　　料
　　　　　素　　材
　　　　　部　　品

これらの主要材料の種類は，実際には企業の業種，生産形態，製品の種類などによっていちじるしく異なったものとなる。たとえば組立型手作業生産形態の企業においては，「組立部品」が主要材料であることが多く，化学装置工業においては，主として投入する「原料」が主要材料となり，機械加工業種の企業においては，多くの場合「素材」が主要材料となる。したがって，製造業における製品価格の決定においては，企業の生産形態によって，「部品」「原料」「素材」のそれぞれの調達市場における価格動向が，きわめて重要な要素となるのである。

しかも，部品の場合には，さらにその部品が内作加工の部品か，外作加工の

部品か，あるいは購入部品かによって，部品の価格は次のように細分される。

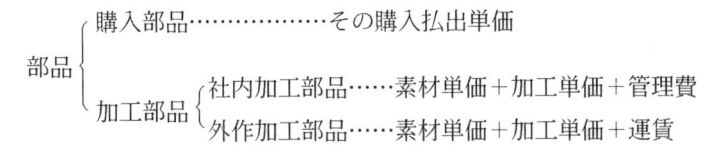

```
部品 ┬ 購入部品…………………その購入払出単価
     └ 加工部品 ┬ 社内加工部品……素材単価＋加工単価＋管理費
               └ 外作加工部品……素材単価＋加工単価＋運賃
```

このように，直接材料費は，業種や生産形態によって，「部品」「原料」「素材」のいずれが価格決定に強く作用するかは異なっており，さらにそれらの材料の調達形態によっても原価の増減を伴うのである。

次に原価項目のうちで直接労務費についてみると，この場合においては製品の製造工程および作業の種類・性質によってその大きさはいちじるしく異なったものとなる。直接労務費の計算は，直接労務費＝所要時間×賃率であるから，製造工程や作業工程の種類，性質にしたがって，それぞれの工程における工数が計算され，また賃率が計算されるから，価格決定に対して直接労務費が与える影響は，こうした製造工程および作業工程の内容によって異なることになる。

4 企業における価格決定の権限

企業における製品価格の決定が，いずれの機関または部門において行われているかについては，企業の規模および業種，販売方法等によってさまざまであろう。アメリカでは，ＮＡＣＡの実態調査によると，調査のために訪問した諸会社の報告から次のように分類されている。[4]

(1) 価格の決定はすべて，社長またはその他の最高経営者（販売・財務・一般管理担当の副社長）によって行われる。小規模会社ではこの方法が一般的であり，また大会社でも最高経営者が大株主のときはこの方法がとられる。

(2) トップマネジメント（取締役会・社長・常務取締役会）が価格設定方針を樹立し，定価表および重要なオーダーの価格見積りについて認可を与える。顧客への見積りおよび販売条件に関する決定は，その方針の範囲内にあるかぎり，販売部によって行われる。

(3) 会社の各機能部門（一般管理・販売・製造・会計）の長で構成されている委員会が方針を樹立し，定価表およびオーダーの価格見積りに認可を与える。この委員会の行為は，社長が委員会にはいっていない場合には社長認可を受ける。

　この調査では，大企業では価格についての重要な決定は最高経営者が行うか，ある種の価格決定機能は，社長の審査または認可のもとに，下部に委譲されるのが普通であること，調査会社中，若干は価格設定の権限を分散しており，いくつかの製品別部門を有する会社では，各部門担当の管理者がそれぞれの製品価格を決定していることを明らかにしている。

　わが国においても，大企業においては価格決定機能を事業部長に委譲している企業が多い。

　特に製品別事業部門制を採用している場合，製品の販売価格の決定権が事業部に委譲されれば，事業部長は，競争上販売価格を下げて販売量の増大を図るか，あるいは販売量の増大よりも価格を引上げるか，といった意思決定権をもつことを意味している。しかし，このような事業部長の価格に対する決定権の行使は，つねに，事業部に課せられた利益目標の達成を目的として行われることはいうまでもない。なぜなら，各事業部は，それぞれの事業部に課せられた利益目標の達成状況について，本社から業績評価を受けるからである。また事業部長が価格の決定や変更の権限を行使するまでには，販売価格に対する各種の計画，修正，調整が行われて，価格の標準がすでに決められており，その意味では，事業部長の決定は，価格決定プロセスでは，むしろ最終段階に位置づけられるとも考えられよう。

　いまわが国における精密機器の大手メーカーA社（事業部制をとらない）について，価格決定のプロセスをみると，次のように行われている。

価格決定プロセス（一例）

(1) 開発段階

開発本部開発第一課管理係 ─（販売価格概算）→ 委員会 ─（修正販売価格概算書）→
開発委員会 ──→ 社長室 ─（調整販売価格概算書）→ 常務会 ─（販売価格概算決裁）→
開発本部長

(2) 量産試作・量産段階

生産部生産管理課原価係 ─（販売価格検討書）→ 委員会 ─（販売価格報告書）→ 開発
委員会 ─（修正販売価格報告書）→ 社長室 ─（調整販売価格報告書）→ 部長会議 ──→
常務会 ─（販売価格決裁）→ 各本部長

また，B会社では，定価表の決定のために，次のような段階がとられている。

(1) 販売部から

　a 各々の製品の詳細な仕様書を入手する。

　b 競争会社の比較可能な製品をふくむ定価表等の情報を入手する。その結果，一般的な競争市場の水準を知る。

(2) 販売部によって提供される製品仕様書を工場長および財務担当部長とともに詳細に検討し，最終仕様書を決定する。

(3) これらの仕様書をもとにして，原価見積書を作成し，市場資料と比較する。

(4) 最終的な販売価格を決定する。

これらの価格決定のプロセスにおいて，それぞれの商品の生産条件・販売条件が具体的に検討されていくから，このプロセスを通って決まる価格水準は，市場構造要因，需給関係，コスト要因等を反映した価格ということになろう。

(注)
(1) 価格政策の意義については次を参照——菊池敏夫「価格政策」青木茂男編『管理会計概論』（有斐閣）所収，105～120ページ，菊池敏夫「適正利潤と価格政策」産業経理，1972年3月号，70～74ページ。
(2) NACA, *Product Cost for Pricing Purposes,* Research Series, No.24. アメリカ会計協会『価格設定と原価計算』青木茂男訳，16ページ。
(3) 筆者らの主力製品の価格決定方法に関する調査によると，上場会社からの回答（227社）のうち，125社（55.1％）が需給関係による市場価格を考慮して決定する（需給決定型），ついで多い価格決定方式は，単位当りの原価に利益を上乗せするというフル・コスト型で，227社中33社（14.5％）の割合であった。

主力製品の価格決定方式　　　　　　　単位：社（％）

価　格　決　定　方　式	回答社数
1．需給関係による市場価格を考慮して決定する（需給決定型）	125（55.1）
2．生産（もしくは出荷）量の増減による売上高の変化と原価の変化（限界原価）を考慮して決定する（限界原理型）	10　（4.4）
3．標準操業度をもとにして目標利益が確保できるように決定する（目標利益型）	12　（5.3）
4．単位当りの原価に一定の利益を上乗せする（フル・コスト型）	33（14.5）
5．売上高が最大になるよう決定する（売上最大化型）	3　（1.3）
6．トップ企業またはこれに準ずる企業の価格を参考にする（トップ企業追随型）	13　（5.7）
7．そ　の　他	17　（7.5）
不　　　　明	14　（6.2）
合　　　　　　　　　計	227（100.0）

主力製品の価格決定方式を業種別にみると，需給決定方式をとる業種は，化学工業（81％），医療品製造業（71.4％），鉄鋼業（66.7％）などがあげられる。また，フル・コスト型が比較的高い業種は，建設業（32.3％），金属製品製造業（22.2％），一般機械器具製造業（21.4％），電気機械器具製造業（21.1％）であった。これら以外の価格決定方式を採用する業種は，広範囲にわたって分散され，業種別に統一して把握することは困難であった。（『わが国企業の経営動向分析』産業経営動向調査報告書第10号，日本大学経済学部産業経営研究所，1988年3月，93～95ページ）。
(4) NACA, 前掲訳書，19ページ。

第2節　価格競争回避の諸条件

1　価格政策の限界

　企業の価格政策はつねに作用するわけではない。特に市場価格が、いろいろな理由から統一性ないし硬直性をもつ製品分野では、価格政策の効果はほとんど存在しないから、企業は価格とは別の側面で競争しなければならない。こうした価格政策の効果を減殺させる条件はなんであろうか。まずこの点から検討してみよう。

(1)　価格への公的統制

　市場における価格は、企業の意思によって、または企業間の価格競争のなかで、つねに決定されるわけではない。なぜなら、政策当局によって公共性ないし公益性の見地から国民生活に関連の深い商品やサービスの価格に対しては、直接または間接的な公的統制が行われているからである。これらの公的統制においては、いずれも統制の根拠となる特別の法規が制定されており、このため、価格面での自由競争は、かなり制限された商品・サービス市場においてのみ行われているということができる。

(2)　価格カルテルの形成

　ある業種・製品分野について企業間の価格協定が形成されているときには、価格は当然、統一性・硬直性をもち、企業間の競争は、価格以外の側面で展開される。わが国の現状についてみると、1960年代から1970年代前半にかけて、政府の許認可ないし届出受理の下に公認された形で実施されつつあったカルテルは、協定数で900〜1,000件にのぼったが、1980年代から減少傾向を示している（1991年248件、1992年219件－公正取引委員会年次報告による）。

(3)　価格指導制（Price Leadership）

　価格リーダーシップとは、ある企業の価格決定が、同業他社の価格を追随せしめることであり、特定の業種ないし製品分野における価格決定が、こうした傾向をもつときには、実質的にはカルテル価格の形成ときわめて類似したもの

となることは否定できない。ある業界では価格決定のリーダーシップを持ちまわる場合もあり，同一業者が，かなり長期にわたって価格決定の主導権をにぎっている場合もある。このようなプライス・リーダーの存在するところでは，価格は競争の過程で定まるのではなく，またカルテル価格のように合意（agreement）や了解（understanding）によって定まるのでもない。各企業はみずからの製品価格を決定するまえに，リーダーの価格発表を待つわけで，こうしたプライス・リーダーシップをもった企業によって定められた価格が管理価格（administered price）である。

この管理価格についての定義は，アメリカにおいても必ずしも一義的に明確ではなく，しばしば引用されるミーンズの規定があるけれども，キーフォーバー上院議員による議会の独占問題小委員会における定義が，「管理当局によって定められ，一定期間不変な価格であり，しかもカルテル価格や独占価格とちがって，少数大企業間のかならずしも協議によらない価格である」として，やや明確である（Subcommittee on Antitrust and Monopoly, Senate Judiciary Committee, 85th, Cong, 2nd, Sess, *"Hearing on Administered Price"* 参照）。わが国では，板ガラス，写真フィルム，合成洗剤，ビール，化学調味料，ピアノ等の品種ではいずれも2～3社により高い集中度を占めている寡占産業の価格が，管理価格の性格をもつといわれる。[1]

2 製品の同質化と非弾力的市場

価格競争回避の傾向は，製品が同質化ないし規格化している場合にも生ずる。これは，いくつかの企業が生産している製品の差別がなくなって同質化していたり，規格化が進んでいるときには，ある企業の価格切下げは，ただちに競争企業から値下げの報復を受けやすいからである。ジョエル・ディーン（Joel Dean）は「価格競争は，ひじょうにすばやく，しかも，たやすく対抗されてしまうので，製品が同質的である場合には，市場占有率を拡大する効果的方法としては，報復をおそれて，価格競争は排除されてしまうのである」と述べ，同質的製品市場における価格競争回避の傾向を指摘している（J. Dean,

Managerial Economics)。競争相手の製品と物理的にたいした差異のない製品の競争では，価格の引下げは，ただちに報復される危険があるから，それよりも広告による商標の優位性の創出，サービスの差別化，決済条件等の非価格競争の諸条件に重点をおかざるをえない。

　また，製品の価格弾力性が比較的小さく，価格の引下げによって需要量の増大がそれほど期待できないような場合にも，価格競争は回避される。価格競争を回避した企業の競争政策は，どのような側面について展開されるのだろうか。

（注）
(1)　これらの集中度の高い『6商品の価格形成に関する調査』によると，「価格の変更に際しては，プライスリーダーシップの慣行が顕著にみられる。この場合プライスリーダーとなるのは価格決定権をもつ首位メーカーであるのが普通であるが，ビールの場合のように，下位メーカーが先導し，上位メーカーがこれに同調する形で行われることがしばしばある」と報告されている（公正取引委員会事務局編『管理価格(2)』（1972年7月），114ページ。

第3節　非価格競争の展開

1　非価格競争

企業間の競争は価格競争（price competition）と非価格競争（non-price competition）とに分けられるが，価格競争は，下図のような需要曲線（DD）において価格をaからbに引き下げることによって販売数量をmからnまで増大させる効果をねらって展開される。

第1図

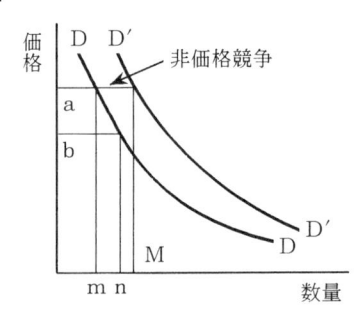

しかし，このような価格競争がさきに述べた諸条件から排除され，また回避されているときには，企業間の競争は非価格競争の形をとるのである。それは価格引下げによらないで販売数量を増大する方法であり，DD曲線を$D'D'$曲線まで右方へシフトすることによって行われるから，非価格競争は需要曲線のシフトの競争であるといってよい。

こうした非価格競争は前記の諸条件とともに，次のような要因によっても促進される。(1)価格切下げは，いたずらに競争企業の追随・報復をひきおこすという反省から，価格統一化，安定化の傾向が生まれてきたこと，(2)価格以外の力でひきつけた顧客は，価格のみで獲得した顧客よりもはるかによい顧客であり，永続性のある顧客であるという認識が生まれてきたこと，(3)競争企業が多く，かえって価格以外の手段が市場開拓の有力な要素となること，(4)有効な非価格競争の方法が発達したこと，などである。

第3節　非価格競争の展開

　非価格競争の具体的な手段としては，次のものがある。(1)製品の差別化・多角化，(2)販売網の強化，(3)広告・宣伝，(4)決済条件，(5)販売促進政策，(6)サービスの強化・多様化。これらのうちでも，特に(4)の決済条件は，国内市場だけでなく国際市場競争でも有力な競争条件となってきたようである。たとえば機械類，プラント類の国際入札にあたって日本グループが低価格で一番札をとっても，長期延べ払いを中心とした決済条件の競争上優位に立たなければ，より長期の延べ払いを認めた外国企業に受注をとられてしまうといったケースは，大型のプラント類の市場競争の条件は，決済条件を基本として展開されていることを物語っている。また(2)の販売網の問題も重要である。たとえばある製品がいかに低価格・良質であっても，海外販売網のメイン・ルートにのっていなかったり，アフター・サービスに欠陥があったり，広告宣伝に弱点があれば，たとえ価格・品質において優位を占めても，競争力ある商品とはなりえない。

　決済条件をはじめ，販売網・広告宣伝・サービスなどの非価格競争の諸条件で優位に立つためには，企業がみずから販売費用を投入できる経営基盤を築いておくことが前提となる。たとえば，決済条件の競争において優位を占めるためには，銀行取引枠の拡大，有利な融資条件の確保，自己資本調達の容易さ，担保物件の増大といった資金調達力の強化・経営基盤の強化が不可欠の前提となるからである。この種の非価格競争のための販売費用の投入ができるような体質が，まず企業に要請される。

　ところで，以上のような非価格競争の展開は，企業内部に，とりわけコストに作用することはいうまでもない。それは間接費を膨張させる要因となる。

2　非価格競争と間接費

　非価格競争は，決済条件・広告宣伝・販売網・サービス・販売促進などの局面での競争を意味するから，こうした競争に重点をおく企業にとっては，当然，販売費や資本コストの負担をまぬがれることはできない。特に価格競争が回避されているときには，販売費の支出額が企業の非価格競争を規定する重要なファクターとなるのである。販売費には，販売員の給料，旅費，訓練費などは

195

もちろんのこと，接待費，広告費，販売促進費，倉庫費，運送費など，非価格競争の手段にそれぞれむすびついた支出項目がふくまれている。一般的にいえば，販売費の支出なくしては売上高は得られないから，販売費の内容によって，節減できるものは節減し，必要なものは積極的に支出して，売上の増大を図るという方法がとられるであろう。なぜなら経費の節減ばかりを図っていては売上高の縮小をまねくからである。

しかし，広告費やマーケティング関係の費用，サービス費，受注活動に伴って支出される各種の販売費は，販売数量とのはっきりした関数関係がきわめてつかみにくいために，販売費の適正な支出水準を計画することは容易ではない。理論的には，販売費を収益を生んでいくかぎり付加していって，その販売費の付加的支出が，それによって付加的に増大した販売量の製造原価プラス販売費にちょうど均衡した点が，販売費の適正支出水準ということになろう。だが，実際には，生産費，販売数量との関数関係を把握して，利益の最大点をみいだすことになろう。いずれにしても，販売費の支出効果，適正な支出水準の把握が困難なために，価格以外の局面での積極的販売政策が，しばしば販売費の膨張をもたらし，利益率をかえって低下させる要因となっている場合が多い。工場において原価低減の目標がたてられ，1年間の努力の結果，製造原価の低減が実現しても，一方で販売経費の支出が十分管理されていなければ，製造原価の低減が販売費の膨張によって相殺されてしまうにちがいない。したがって非価格競争に重点をおく企業にとっては，販売費の計画と統制が重大な課題となるのである。

非価格競争のコストへの作用は，資本コストにも深い関係をもつのである。とりわけ，企業間の競争が決済条件の競争として展開されるときには，企業間信用の増加に伴って，支払利息・割引料等の金利負担が，販売費と同じように，間接費として製造原価に付加されるからコストの上昇，利益部分の縮小をもたらすことになろう。決済条件の競争に重点をおく企業が，巨額の売掛債権を持ち，他方に大きな金利負担に悩まされているために，「売上増だが減益」という型を示しているのは，この事実を示すものといってよい。

第3節　非価格競争の展開

　非価格競争を決済条件の長期化，分割によって推進しようとする企業は，すでにふれたとおり資金調達力・経営基盤の強化を図るとともに，実質金利についての計画（基準・目標）設定と，定期的チェックを，管理業務の1つとして重視しなければならない。たとえば営業部門組織をとるにしても，また事業部制を採用するにしても，一部の企業で採用しているように，各部門における社内金利の実態をたえず把握して分析するという方法が考えられてよい。

3　非価格競争に内在する諸問題

　販売網や決済条件をめぐる競争が，企業内部にいろいろなマイナス要因を発生せしめることにも注意しなければならない。販売網の拡大・強化が1つの方針としてうちだされるときには，販売店・代理店系列の拡大・強化というねらいから関係会社投融資が増大する場合が多い。同じように，決済条件の競争はしばしば企業間信用の膨張，すなわち売掛債権の増大による回収率の低下をもたらす。関係会社投資と売掛金は，いずれも企業外部に資本が固定化することを意味し，この資本の固定化が，次のようなマイナス要因となるのである。

　第1に，こうした資本の固定化部分が大きければ大きいほど，総資本利益率を低下させる圧力となることで，一方で売上高が増大しても，総資本利益率の分母となる資産が大きく資本の回転率が低ければ，利益率は低い。

　第2に，このような資本の固定化部分の増大に対応して，企業の血液ともいうべき運転資本の不足が生ずることである。過大な関係会社投融資をもち，売掛金を保有しながら，一方で短期運転資金の絶対的不足がつづくといった型は，かなり多くの企業にみられるケースであるが，これが企業のもっとも危険な状態であることはもちろんである。

　第3に，この種の資本の固定化部分はいつでも回収不能の不良債権に転化する可能性をもっていることである。企業間信用は，企業の売上高増大・市場占有率拡大といった量的拡大のための非価格競争，すなわち決済条件の長期化と決して無関係ではない。企業レベルでは非価格競争に伴って発生する資本の固定化部分の管理が，ますます重要な意味をもつようになってきた。それはいつ

でも回収不能の不良債権になる可能性をもっているからである。

　非価格競争に競争の重点をおかざるをえない企業が当面する課題は，結局，一方において広告費や販売促進関係の費用など販売費および金利負担といった間接費を，いかに合理的に管理し，チェックしていくかという点であり，他方では決済条件，販売網の競争から生ずる企業間信用，関係会社投資といった資本固定化の問題にどう対処するかという課題の解決であるといえよう。

　間接費の管理については，販売費の適正支出水準を把握して計画化し，販売経費使用率の実績を，売上実績，利益目標達成率と同等の評価項目として重視するとともに，金利負担についても，実質金利の基準と実績とのチェックが重視されなければならない。資本固定化の問題に対しては，決済条件の基準を設定するとともに，回収率を販売活動の管理項目としてとりあげることが必要である。資本固定化の要因となる関係会社投融資については，この種の投融資が，しばしば他企業に対する支配力の行使等によって非合理的な形で発生する場合が多いことから，また，管理の原則からいっても，当然発生段階でチェックするための関係会社投融資基準の作成が必要であり，また投融資額，受取配当，受取利息，取引額等，投融資の効率を定期的に管理し，評価することが重要である。このようにみると，非価格競争に内在する問題は，結局のところ，非価格競争のために必要とされる費用支出，資本支出の管理問題であり，費用支出や資本支出を，目標と基準によっていかに計画し，実行し，どのように統制するかということに帰着する。価格競争においても，また非価格競争に対処する企業にとっては，特に，費用と資本支出の管理が効果的であるかどうかが企業間競争の成敗を規定するものといってよい。

索　　引

<あ>

ＩＥ（Industrial Engineering）……131
アイディア………………………………118
アイドル・コスト………………………58
アセスメント（assessment）…………80
新しい産業国家…………………………33
アドミニストレーション………………118
アメリカ企業のトップ層の構成………34
アメリカにおける個人企業……………7
アメリカにおける自動車工業の歴史…58
アメリカの企業金融の傾向……………21
アメリカの企業年金制度………………29
アメリカの独占禁止立法………………67
安全性……………………………………164
安全性指標………………………………149
安全（定）欲求…………………………140
安定株主…………………………………27
安定株主政策…………………………26, 27
安定株主政策の効果と限界……………26
安定株主層………………………………24

<い>

委員会……………………………………124
委員会制度
　（committee organization）…121, 124
委員会の協議……………………………124
委員会の決定……………………………124
異業種交流………………………………66
イギリスの制限取引慣行法……………68
イギリスの民有・民営化………………46
意思決定……………………………116, 117
意思決定学派
　（The Decision Theory School）…131
意思決定の価値前提……………………148
意思決定の機会…………………………140

意思決定の前提
　（価値前提と事実前提）………136, 139
意思決定領域の拡大……………………78
意思決定論………………………………135
一回使用計画……………………………108
一般集中（overall concentration）…50

<う>

売上高中心主義…………………………167
売掛金回収率……………………………177
売掛債権…………………………………178
運転資本…………………………………171
運転資本の不足…………………………171

<お>

欧州統一会社法…………………………156
オランダ…………………………………156

<か>

買入債務…………………………………160
会　議……………………………………143
会議による意思決定……………………143
会計監査…………………………………35
会計検査院………………………………42
外国資本の調達…………………………161
外　作……………………………………184
会社機関の存在…………………………13
会社形態の発生史………………………12
会社の規模………………………………19
下位者の上位者に対する
　スタッフ機能…………………………145
回収期間法………………………………173
回収不能債権……………………………177
階層性……………………………………121
階層組織の原則…………………………103
階層の長さから生ずる弊害……………112

199

外的環境	73
外部監査役の導入	35
外部金融	160
外部資金依存度	22
外部資本調達	160
外部重役	32
外部取締役（outside directors）	37
価格カルテルの形成	191
価格競争	181
価格競争回避の諸条件	191
価格競争力	59
価格協定	191
価格指導制（Price Leadership）	191
価格政策	182
価格政策の意義	181
価格政策の限界	191
科学的管理法	102
価格への公的統制	191
価格方針	128
下級管理者	121
課業（task）	101
課業管理	102, 105
課業管理制度	105
架橋の設定	103
革新（innovation）	71
革新の推進機能	71
確定資本金制	13
加工部品	187
寡占産業の価格	192
価値計数性	119
価値前提	136, 138
価値前提の修正	139
価値体系	76, 148
合併と経営管理の問題	61
合併による経営規模拡大の効果	60
合併による集中生産体制への移行	57
家電リサイクル法	157
過半数持株支配	18
株式会社	4, 11

株式会社形態	
（corporation, joint stock company, Aktiengesellschaft）	11
株式会社の機関	30
株式会社の構造	15
株式の上場による公開制度	20
株式の譲渡制限	27
株式の譲渡制度	26
株式の発行	160
株式の分散	19
株式の分散と株主の性格の変化	16
株　主	74
株主安定政策	28
株主関係	94
株主総会	30
株主総会の所要時間	36
株主総会の有名無実化	36
貨幣性資産（monetary assets）	165
借入金	160
カルテル	49, 51
カルテル価格	191
カルテルの形態	52
カルテルの性質	51
環境（environment）	71
環境アセスメント	95, 96
環境影響評価	95
環境汚染規制	87
環境関係のコスト	153
環境関係費用	153
環境監査	36
環境管理課	151
環境管理部	151
環境コストと再循環	153
環境情報の公開性	81
環境情報の収集・管理と公開性	80
環境の主体	73
環境破壊防止機器のリース料	153
環境破壊防止教育訓練費	153
環境破壊防止費用	84, 153

環境復元費用……………………84, 153
環境問題をとりあつかう部門組織………80
環境要因……………………………135
環境領域……………………………75
関係会社……………………………175
関係会社投資………………………175
関係会社投融資……………168, 171, 175
関係会社投融資基準………………198
関係会社投融資の管理……………176
関係法人の株式所有…………………27
監査・財務委員会
　（Audit and Finance Committee）…37
監査室…………………………………35
監査制度…………………………84, 85
監査制度の強化の措置………………35
監査部…………………………………35
監査報告書……………………………35
監査役…………………………………35
監査役会の制度化……………………35
監査役室………………………………35
間接費………………………… 124, 195
完全所有による支配…………………18
監督（supervisor）………………100
監督の範囲（span of control）………111
管理会計学
　（Managerial Accounting）………131
管理価格（administered price）……192
管理過程……………………………117
管理過程学派
　（The Management Process School）
　　……………………………………131
管理権限（監督権限）………………113
管理原則……………………………103
管理者の職能………………………133
管理職能………………………99, 103
管理職能の形成………………………99
管理職能の再構成…………………116
管理職能の成立過程…………………99
管理職能の体系化…………………103

管理職能の分析と再構成…………106
管理職能への科学的接近………101, 103
管理責任……………………………113
管理的決定
　（administrative decisions）………97
管理的財務論………………………160
管理販売費…………………………168

＜き＞

機械的人間観………………………133
企画部（plannig department）……101
企画部制度…………………………102
期間性…………………………109, 119
企業合併の効果と限界………………56
企業間競争…………………………181
企業環境の主体………………………74
企業環境の変化………………………75
企業環境の領域…………………72, 74
企業間信用………………168, 171, 177
企業間信用比率……………………177
企業規模の拡大………………………58
企業金融論（corporate finance）…159
企業行動に対する法規制の影響………86
企業合同………………………………55
企業合同の型…………………………55
企業資本の構造と管理……………159
企業集中………………………………49
企業集中の規制………………………67
企業集中の形態………………………51
企業組織のなかの法務部門…………87
企業と環境……………………………71
企業と環境適応………………………71
企業と地域社会の関係………………92
企業と利害関係者集団………………77
企業と利害関係者集団の関係………147
企業内法務部門の歴史………………88
企業における財務活動……………159
企業に関する法形式………………2, 4
企業年金基金…………………………28

201

企業の安全性	159
企業の外部参加者	74
企業の価格政策	181
企業の価値体系の問題	147
企業の環境（environment）	72
企業の環境管理組織	80
企業の財務の安定性	159
企業の自己規制力	84
企業の自己金融化傾向	21
企業の市場行動	181
企業の資本構成	159
企業の資本調達行動	22
企業の資本調達と資本構成	160
企業の社会的責任	83
企業の収益性	164
企業の所有構造と経営権	24
企業の総合社会的責任指標	148
企業の地域社会に対する費用負担	84
企業の内部構成員	74
企業の目的	75
企業目的と環境への適応	75
技術外資の導入	161
技術・科学委員会 (Technology and Science Committee)	37
技術集中型合同 (technology concentric merger)	55
技術的環境	72, 74
技術の事前審査	152
基　準	139
擬制資本（fiktives Kapital）	16, 17
規　則	108, 139
機能資本	15
機能的分権制 (functional decentralization)	125
基本方針	108
客観的合理性（objective rationality）	136
旧財閥3グループ	64
吸収合併	66
強制カルテル	53
行政企業	39
業績評価	139
業績評価の項目	92
共同仕入	64
協働システム（co-operative system）	99
共同受注	64
業務監査	35
業務管理方式	176
業務的決定（operating decisions）	97
巨大組織の形骸化（ossification）	66
規律の原則	103
近代管理論	133
近代管理論の問題領域	135
金融機関	74
金融資産（financial assets）	165
金融支配（financial control）	22
金融相互関連比率 (financial interrelations ratio)	165

<く>

組立型手作業生産形態	186
組立部品	186
クレイトン法 (Clayton Anti-Trust Act)	68
軍隊式組織（military organization）	121

<け>

経営委員会	40
経営外資産	168, 171, 178
経営外資産の管理	175
経営活動委員会 (Operations Committee)	37
経営管理機能の複雑化	16
経営管理組織の形態	121
経営管理組織の構成	121
経営管理の革新	138
経営管理論の展開	131
経営管理と組織	99

索　引

経営規模……………………………57
経営規模の拡大 ……………………58, 60
経営経済学（Managerial Economics）…131
経営参加……………………………155
経営参加の問題 ……………………155
経営参加の類型化 …………………155
経営思想の流れ ……………………131
経営思想の分類 ……………………132
経営支配権…………………………25
経営者革命…………………………17
経営者革命論………………………17
経営者支配
　（management control）………18, 19, 20, 21
経営者社会（managerial society）………17
経営者層の構成変化………………34
経営者の政府任命制………………41
経営者の持株比率…………………19
経営者論および経営者の国際比較………34
経営方針と常務会 …………………108
経営要素の調達
　（assembling resources）……………103
経営責任指標 ………………………148
計画（planning）……………………103
計画化 ………………………………104
計画活動の過程 ……………………106
計画設定 ……………………………106
計画と統制の原則 …………………102
計画の意味 …………………………106
経験学派（The Empirical School）……131
経済的環境……………………………72, 74
経済福祉指標 ………………………149
経済量的インディケーター……………86
経済力の集中
　（economic concentration）…………50
系列企業の管理 ……………………168
計画の種類と階層 …………………107
決済条件 ……………………178, 195
限界利益線（marginal income）……184
限界利益率

（marginal income ratio）……………184
減価償却……………………………160
減価償却費…………………………153
原価比較法…………………………173
研究開発……………………………128
権限（authority）……………………112
権限集中の原則……………………103
権限受容説…………………………113
権限・責任の原則…………………103
権限と責任…………………………112
権限と責任の配分 …………………114
権限の委譲と責任…………………113
権限の源泉…………………………112
権限の源泉に関する諸説 …………113
権限法定（委譲）説………………112
現場監督者…………………………102
権利意識の形成……………………77
権利の法的保護の要求……………77

<こ>

公開会社……………………………30
公害防止管理者……………………151
公害防止協定………………………81
公企業（public enterprise）………1, 39
公企業経営…………………………47
公企業経営の合理化………………44
公企業における経営目的…………42
公企業における最高経営者………40
公企業の管理組織…………………40
公企業の経営問題…………………44
公企業の形態………………………39
公企業と収益性……………………44
公企業の民営化・民有化…………45
公共問題委員会
　（Public Issues Committee）………37
広告宣伝……………………………195
広告費………………………………196
合資会社……………………………4, 10
公式組織（formal organization）……109

203

公私合同企業（mixed enterprise）………1
工場制度………………………………99
工場渡価格……………………………182
公正の原則……………………………103
公正労働基準法………………………77
構想的思考……………………………118
工程選択制……………………………142
公認会計士監査………………………77
合同会社………………………………11
合名会社………………………………4, 9
コーポレイト・ガバナンス
（Corporate Governance－会社統治論）
　…………………………………23, 38
国際カルテル…………………………52
個人企業………………………………2, 6
個人企業経済調査……………………7
個人企業の経営………………………7
個人企業の実態………………………7
個人企業の特質………………………6
個人スタッフ…………………………122
個人責任………………………………146
個人的利益よりも
　全体的利益優先の原則……………103
個人の欲求……………………………140
個人発明家……………………………8
コスト・カーブの低下………………57
コスト要因……………………………184
固定資産………………………………164
固定資産投資…………………………172
コミュニケーション
　（communication）………116, 117, 139
コムメンダ（commenda）…………10, 13
コングロマリット……………………63
コングロマリット型合同
　（conglomerare merger）……………55
混合合併………………………………56
混合経済体制…………………………2
混合的集団企業………………………4
コンツェルン形態……………………63

コンツェルンにおける
　企業結合の方法……………………63

＜さ＞

サービス………………………………195
債権者…………………………………74
最高業務執行者（またはＣＥＯ）……32
財産なき支配…………………………20
再循環（recycling）…………………153
再循環の可能性………………………154
再販売価格維持政策…………………182
財務権限………………………………126
財務的中央統制………………………126
債務弁済責任…………………………6
財務流動性……………………………173
作業指導票制度………………………102
指図票制度
　（instruction card system）………101
差別価格制……………………………182
差別的出来高給制度…………………101
参　加…………………………………134
参謀式組織……………………………122

＜し＞

仕入商品………………………………184
ＧＭ……………………………………58
ＣＰ……………………………………161
自我の欲求……………………………140
指揮（directing）……………………103
指揮一元性の原則……………………103
私企業（private enterprise）…………1
指揮命令権……………………………123
指揮命令の一貫性……………………124
事業計画管理方式……………………176
事業部制組織…………………………111, 126
事業部制による利益管理……………127
事業部制の意義………………………127
事業部制の例…………………………127
事業部の業績評価……………………128

索　引

事業部への自立性の賦与 ……………127
事業持株会社
　(operating holding company) ………64
資源化機能 ………………………………154
資源の有限性……………………………90, 153
自己金融
　(Selbstfinanzierung, self-financing)
　　　　　　　　　　　　………………21, 160, 161
自己金融力 ………………………………161
自己実現欲求 ……………………………140
自己資本 …………………………………160, 161
自己資本比率 ……………………………161
自己資本利潤 ……………………………169
事実前提 …………………………………136
自社製品 …………………………………184
自主経営 …………………………………155
市場構造要因 ……………………………184
市場集中 (market concentration) ………50
市場集中型合同
　(market concentric merger) …………55
市場占有率 ………………………………167
自生的組織
　(informal organization) ………………134
自然環境……………………………………72, 74, 75
下からの計画・決定への参加 …………145
執行活動に対する監視・監督機能………35
実績資料の収集 …………………………115
実績データの正確性 ……………………115
実績の評価 ………………………………114
自動制御装置 ……………………………115
支配 (control) ……………………………18
支配的経営者のコントロール …………21
資本 (資本金および剰余金) ……………161
資本運用効率 ……………………………166
資本運用政策 ……………………………173
資本運用の管理 …………………………166
資本運用の形態 …………………………164
資本回転率 ………………………………167
資本回転率の規定要因 …………………167

資本結合 …………………………………2
資本の効率的運用 ………………………176
資本コスト ………………………………174
資本固定化 ………………………………171, 198
資本固定化の危険 ………………………171
資本収益性 ………………………………173
資本調達 …………………………………159
資本的会社・物的会社 …………………11
資本的集団企業 …………………………4
資本と経営の分離 ………………………19
資本の運用形態 …………………………164
資本の証券化 ……………………………12, 15
資本の調達 ………………………………127, 159
シャーマン反トラスト法
　(Sherman Anti-Trust Act) …………67
ジャガー……………………………………46
社会監査 (social audit) …………………86, 151
社会システム学派
　(The Social System School) …………131
社会的価値規準……………………………91, 92, 97
社会的環境…………………………………72, 73, 74, 75, 76
社会的責任
　(social responsibility) …………………146
社外取締役制 ……………………………85
社外取締役は皆無 ………………………32
社債の発行 ………………………………160
収益性 ……………………………………159
収益性指標 ………………………………149
従業員安定の原則 ………………………103
従業員関係 ………………………………83
従業員代表 ………………………………85
従業員団結の原則 ………………………103
従業員福祉責任指標 ……………………148
従業員持株制度 …………………………27, 28, 29
集権化 (centralization) …………………114
集権化への反省 …………………………125
修正活動 …………………………………115
集団受容欲求 ……………………………140
集団的意思決定 …………………………145

205

集団的意思決定の問題 …………………143
集中生産によるコスト節約の効果………57
住民関係責任指標 ………………………150
主観的決定の危険 ………………………145
需給関係 …………………………………184
受注製品 …………………………………184
出資者資本 …………………………………3
出資者資本の構成 …………………………2
出資者全員の有限責任制 …………………12
出資と経営機能の分化 ……………………3
出資と経営の分離 ……………………13,16
出資と経営の分離論 ………………………18
種類別会社数 ………………………………15
受容の範囲 ………………………………113
準公共的会社
　(quasi public corporation) …………19
純粋持株会社
　(pure holding company) ……………63
純利益 ……………………………………162
商業＝高利貸資本 …………………………5
商　圏 ……………………………………93
条件カルテル ……………………………52
証券市場制度 ……………………………15
証券市場への株式公開 …………………19
省資源 ……………………………………91
少種多量生産方式 ………………………184
少数集団企業 ………………………………2
少数持株支配 ……………………………18
譲渡自由な等額株式制 ……………………13
消費者 ……………………………………74
消費者関係 ………………………………94
消費者関係責任指標 ……………………150
消費者関係部 ……………………………151
消費者・地域住民などに対する
　狭義の社会的責任指標 ………………148
消費者の代表 ……………………………85
消費者保護 ………………………………87
消費生活用製品安全法 …………………152
商法254条の規定 …………………………21

商法の一部改正および
　監査の商法特例法の改正………………35
情報の濾過 ………………………………111
正味現在価値法 …………………………173
職能権限説 ………………………………113
職能組織
　(functional organization) ………121, 123
職能的管理の原則 ………………………102
職能的職長制度
　(functional foremanship) ………101, 102
職能別部門組織 …………………………111
職務権限の明確化 ……………………144, 146
職務執行責任 ……………………………113
職務内容 …………………………………140, 141
所有権 (ownership)………………………18
所有者支配 (owner control) ……………22
所有と経営の分離………………………20
所有と経営の分離に関する調査………23
所有と経営の分離論について
　留意すべき点 …………………………20
新監査役制度 ……………………………35
紳士協定
　(gentlemens agreements) ……………49
シンジケート (Syndicate) ………………52
人事考課の評価項目 ……………………92, 139
新設合併 …………………………………66
人的会社
　(Personalgesellschaft) …………………10
人的集団企業 ………………………………4

<す>

垂直合併
　(前進的垂直合併，後進的垂直合併)…56
垂直的分化 ………………………………109
垂直統合型合同 (vertical merger) ……55
水平的な分化 ……………………………109
水平補完型合同
　(horizontal merger)………………55, 56
数学・統計学

（Quantitative－Mathematics and Statistics）
　　　　……………………131
数理学派
　　（The Mathematical School）……131
スキャンロン・プラン
　　（Scanlon plan）………………155
スケール・エフェクト………………57
スケジュール ………………………108
スタッフ（staff）……………………107
スタッフ権限 ………………………123
ストック ……………………………161

＜せ＞

西欧諸国における経営参加 …………157
生活環境指標 ………………………149
生産活動の協定（生産カルテル）……53
生産規模………………………………57
生産規模拡大の効果…………………57
生産規模の拡大………………………58
生産形態 ……………………………186
生産性指標 …………………………149
生産の機能 …………………………152
政治的環境 ………………………72, 74
税　　制 ……………………………162
製造原価 ……………………………182
製造物責任（Product Liability）………152
成長商品 ……………………………184
成長性指標 …………………………149
製品安全法（Product Safety Act）……152
製品の同質化 ………………………192
製品別 ………………………………126
政　　府 ……………………………74
制約された合理性
　　（bounded rationality）…………136
制約条件………………………………90
制約要因（limiting factors）…………135
生理的欲求 …………………………140
責任（responsibility）………………126
責任の所在 …………………………146

設備投資 ……………………………172
設備投資計画 ………………………172
ゼネラル・スタッフ
　　（general staff）………………108, 123
前期的資本 ……………………………4
全社員の有限責任制…………………13
全社的な組織計画 …………………128
全般管理計画
　　（general management planning）
　　　　………………………108, 119
全般管理者（general management）…108
全部原価 ……………………………183
全部原価方式 ………………………185
専門化カルテル………………………53
専門経営者……………………………31
戦略的意思決定
　　（strategic decisions）…………90, 97
戦略的要因 …………………………136

＜そ＞

創意の原則 …………………………103
操業度 ………………………………174
操業度維持政策 ……………………174
操業率の低下…………………………58
創業利得………………………………17
総合資金計画 ………………………128
総合的管理 …………………………102
総合予算 ……………………………108
総資本回転率 ……………………165, 166
総資本賃金率 ………………………169
総資本付加価値率 …………………169
総資本利益率 ………………165, 166, 178
総資本利潤率 ………………………169
装置工業………………………………57
ソキエタス（societas）………………13
組　　織 ……………………………103
組織化（organizing）…………77, 104, 109
組織的怠業（systematic soldiering）…101
組織的怠業の解決 …………………101

組織と意思決定 …………………138
組織と人間問題 …………………140
組織の第1階層 ……………………111
組織への定着と離職 ……………142
組織編成 ……………………………109
組織編成の課題 …………………109
組織目的（価値前提）…………140
組織理論（Organization Theory）……131
ソホウ鋳造工場 …………………100
損益分岐点 ……………168, 172, 174
損失補償費用 ………………84, 153

<た>

貸借対照表の貸方 ………………159
貸借対照表の借方 ………………159
代替案 ………………………………106
第2次経営者革命
　（the second managerial revolution）……88
代表取締役……………………………30
多角化…………………………………62
多角化をめざす合併の効果……60
多種少量生産 ……………………184
多数集団企業 …………………2, 3
棚卸資産（inventories）…………165
他人資本 ………………………160, 161
他人資本利子 ……………………169
多様な支配（miscellaneous control）……22
短期的な制約条件…………………90
単調労働の問題 …………………140

<ち>

地域カルテル………………………52
地域関係課……………………………92
地域関係部 ……………………79, 94, 151
地域関係を担当する専門の組織………79
地域社会 ……………………………74, 79
地域社会関係 ……………………94, 95
地域社会の利益代表………………85
地域の環境情報……………………81

地域別部門化 …………………110, 126
チーム制 ……………………………141
秩序の原則 …………………………103
中央集権的な管理方式 ………125
中間管理者の早期退職
　（early retirement）……………141
中小企業の共同化形態……………64
中小企業の融合化…………………65
長期的・制度的・構造的な制約条件……90
直接材料 ……………………………186
直接材料費 …………………………187
直接労務費 …………………………186
直売方式 ……………………………184
直系参謀式組織 …………………122
直系組織 ……………………………121

<つ>

通勤圏…………………………………93

<て>

ＴＯＢ（take over bid）………24, 28
適用除外カルテル…………………54
テクノストラクチュア
　（technostructure）………………33
テクノロジー・アセスメント
　（technology assessment）……152, 153
手　続 ………………………108, 139
転　職 ………………………………143
伝統的管理論 ……………………133
伝統的管理論の課題 …………133

<と>

ドイツの会社法（株式法）……156
ドイツの株式会社における株主総会……37
ドイツの競争制限禁止法…………68
ドイツの共同決定制度 ………156
当期利得………………………………16
動作研究 ……………………………101
当座比率 ……………………………165

投資その他の資産 ………………………164
統制 (controlling) ………………103, 114
統制活動の第2のステップ ……………115
統制活動の第3のステップ ……………115
統制職能 …………………………………102
統制職能について留意すべきこと ……114
統制の第1のステップ …………………115
投融資管理方式 …………………………176
都銀 (金融) 3グループ…………………64
特定工場における
　公害防止組織の整備に関する法律……80
特別決議事項………………………………24
特別決議事項に関する拒否権……………24
独立系企業集団……………………………64
独立採算制 ………………………………127
独立採算的な管理単位 …………………127
特例法上の大企業…………………………35
特許利用カルテル…………………………53
トップ・マネジメント層 ………………108
トップ・マネジメントが
　保留すべき権限 ………………………128
取締役………………………………………30
取締役および取締役会……………………30
取締役会……………………………………31
取締役会候補指名委員会…………………37
取締役会の形式的運営……………………33
取締役会の改革案 ……………………37, 38
取締役の業務差止請求……………………35
取締役会の実情についての調査…………32
取引業者関係責任指標 …………………150
取引先企業…………………………………74

<な>

内外環境の主体……………………………73
内　作……………………………………184
内的革新……………………………………76
内的環境……………………………………73
内部環境……………………………………74
内部環境と外部環境………………………73

内部金融 …………………………………160
内部構成員…………………………………73
内部調達 (internal financing) …………161
内部取締役 …………………………… 33, 85
内部利益率法 ……………………………173
内部留保率 ………………………………162
成行き制度 (drifting system) …………105

<に>

二十世紀資本主義革命……………………20
日本銀行 ………………………………40, 41
日本のカルテルの特徴……………………53
日本の企業グループ………………………64
日本の独占禁止法…………………………69
ニュー・エントリー (新規参入) ………61
ニューディール (New Deal) ……………77
認可カルテル
　(不況カルテル・合理化カルテル) ……54
人　間……………………………………118
人間関係論 ………………………133, 134
人間関係論と行動科学
　(Human Relations and
　Behavioral Sciences) …………………131
人間関係論の主題と限界 ………………134
人間関係論の短所 ………………………135
人間関係論の長所 ………………………135
人間行動学派
　(The Human Behavior School) ………131
人間の生理的条件 ………………………134

<ね>

年金社会主義
　(pension fund socialism) ………………28

<の>

能力発揮の機会 …………………………140

<は>

売価の最低許容価格 ……………………184

209

廃棄物による汚染の社会的損失 ………154
廃棄物のコスト計算 ………………153
廃棄物の再循環……………………91,154
廃棄物の処理（埋立・焼却）のコスト…154
配当所得 ………………………………16
端数価格政策 ……………………182
パットマン委員会報告……………22
販売経費使用率 …………………198
販売経路 ……………………………167
販売促進 ……………………………195
販売促進関係の費用 ……………198
販売費 ………………………………196
販売網 …………………………176,195
反復的に使用される計画
　（standing plan）………………107

＜ひ＞

ＢＡ（英国航空）…………………46
ＢＰ（英国石油）…………………46
非価格競争
　（non-price competition）……59,177,194
非価格競争に内在する諸問題 …197
非価格競争力………………………58
非経済量的インディケーター……86
非弾力的市場 ……………………192
費用・収益・利益関係
　（cost-volume
　　-profit relationship）………167
標　準 ………………………………108
標準化の原則 ……………………102
標準作業時間 ……………………102
標準製品 ……………………………184
標準と実績との比較 ……………114
標準との差異分析 ………………115
標準の設定 ………………………114

＜ふ＞

プール（pool）……………………49
フォアマン …………………………100

フォーチュン誌の最大500社の組織
　（アメリカ）……………………130
フォード……………………………58
付加価値……………………………169
複数目的の同時達成………………78
不在所有制（absentee ownership）……16
物的環境（生物世界をふくむ）…73
物的資産（real assets）…………165
部　品 ………………………………187
不明確な支配
　（no identified center of control）………22
部門化の主な規準 ………………110
部門管理業務………………………85
部門管理者…………………………85
部門スタッフ ……………………122
部門と階層 …………………………109
部門編成 ……………………………110
プライス・リーダーシップ ……192
プライビタイゼーション
　（privatization）…………………46
フレックス・タイム ……………142
フロー ………………………………161
プロジェクト・プランニング
　（project planning）……………173
文化教育指標 ……………………149
分業の原則 …………………………103
分権化（decentralization）……114
分権的管理組織 …………………125

＜へ＞

変動資本率…………………………168

＜ほ＞

報告制度 ……………………………145
報告責任（accountability）………113,126
報酬の原則 …………………………103
方　針………………………………139
法人企業の実態……………………15
法人資本主義………………………29

法人体企業 …………………………… 39
法務部 ……………………………… 88
ボウルトン－ウォット商会 ………… 104
ホーソン実験
　（Hawthorne Experiment）……… 134
補完的要因
　（complementary factors）……… 135
本社指向性 ……………………………… 97
本社費用（管理費）………………… 168

<ま>

マネジメント・サイクル
　（management cycle）…………… 117
マネジメント・プロセス …………… 118
満足性の基準（satisfying criteria）…… 136

<む>

無形固定資産
　（intangible fixed assets）……… 164
無限責任社員 ……………………… 9, 10
無断欠勤（absenteeism）…………… 141

<め>

命令一元性の原則 …………………… 103

<も>

目　的 ……………………………… 135, 193
目的と環境 …………………………… 135
目　標 ……………………………… 108, 139
目標利益 ……………………………… 168
目標利益率 …………………………… 167
持株会社（holding company）……… 63
持株比率の形式的変化 ……………… 24
持株比率の限度 ……………………… 25
持分会社 ……………………………… 9
持分資本（Anteilkapital）…………… 13
モチベーション（motivation）……… 134
問題の分析 ………………………… 116, 117

<ゆ>

有価証券の公開買付け ……………… 24
有給経営者または雇用経営者
　（salaried manager or hired manager）
　…………………………………………… 16
有形固定資産
　（tangible fixed assets）………… 164
有限責任社員 ………………………… 10
郵政法第2条 ………………………… 39
ユーロ市場 …………………………… 161
輸送圏 ………………………………… 93
輸入部品 ……………………………… 187

<よ>

ヨーロッパの合名会社 ……………… 13
予　算 ………………………………… 108
四日市公害裁判の判決 ……………… 91

<ら>

ライフ・サイクル …………………… 60
ライン（line）……………………… 107
ライン式組織（line organization）… 121
ライン・スタッフ式組織
　（line and staff organization）…… 121, 122

<り>

リーダーシップ（leadership）…… 118, 134
利益管理方式 ………………………… 176
利益処分政策 ………………………… 162
利益責任単位
　（プロフィット・センター）……… 127
利益代表取締役 ……………………… 34
利益比較法 …………………………… 173
利益分配制 …………………………… 155
利益目標 ……………………………… 108
利益目標額 …………………………… 167
利益留保 ……………………………… 160
利害関係者集団（stakeholders）…… 73, 74

利害関係者集団の諸目的群……………78
利害関係者集団の成熟過程………77,78,79
利害関係者集団別の組織……………79
離職の動機 ………………………142
離職率 ……………………………142
立地因子 ……………………………95,96
立地選定 …………………………96
流通活動の協定
 （購入カルテル・販売カルテル）………52
流動資産 ……………………164,165
流動性 ………………………159,175
量産型工業 …………………………57
稟　議 ……………………………143
稟議書 ……………………………144
稟議制度……………………………14
稟議制度の評価と問題 ……………144

<れ>

レベルにおける明確化 ……………144
連邦政府規制による事務量負担
 （Federal Paperwork Burden）…………87

連邦的分権制
 （federal decentralization）……………125
連邦取引委員会法
 （Federal Trade Commission Act）………68

<ろ>

労使協議制 ………………………155
労使共同経営 ……………………155
労働環境指標 ……………………149
労働基準法…………………………77
労働協約 …………………………126
労働組合……………………………74
労働組合法…………………………77
ロールス・ロイス…………………46
六大企業集団………………………64
ロシアの民有化政策………………46

<わ>

わが国企業における事業部制の種類…129
ワグナー法…………………………77

著者略歴

菊 池 敏 夫

昭和26年早稲田大学政治経済学部卒，同大学院経済学研究科修士課程修了，千葉商科大学教授をへて昭和49年より日本大学経済学部教授。平成11年日本大学名誉教授，平成18年中央学院大学大学院特任教授，日本大学大学院経済学研究科講師。

著書 「企業金融と資本市場」（文雅堂銀行研究社），「現代の経営学」（税務経理協会），「現代経営学演習」共著（春秋社），「現代企業論」（新評論），「企業と環境の考え方」共著（産能大出版部），「現代企業の経営行動」編著（同文舘出版），「現代の経営行動」編著（同友館），「企業統治の国際比較」編著（文眞堂）その他

訳書 グラニック「ソ連の経営者」（ぺりかん社）

住所 〒165-0035 東京都中野区白鷺2-23-6

著者との契約により検印省略

昭和50年2月20日 初版発行	現代経営学
昭和55年5月1日 初版7刷発行	〔四訂版〕
昭和56年6月15日 改訂版発行	
平成5年3月15日 改訂版13刷発行	
平成6年4月15日 三訂版発行	
平成16年1月15日 三訂版12刷発行	
平成18年6月15日 四訂版発行	

著　者　菊　池　敏　夫（きくち　としお）
発行者　大　坪　嘉　春
製版所　株式会社アイディ・東和
印刷所　税経印刷株式会社
製本所　株式会社三森製本所

発行所　東京都新宿区下落合2丁目5番13号　株式会社 税務経理協会
郵便番号　161-0033　振替 00190-2-187408　電話（03）3953-3301（編集部）
FAX（03）3565-3391　　　　　　　　　　　（03）3953-3325（営業部）
URL http://www.zeikei.co.jp/
乱丁・落丁の場合はお取替えいたします。

© 菊池敏夫 2006　　　　　　　　　　　　　　Printed in Japan

本書の内容の一部又は全部を無断で複写複製（コピー）することは，法律で認められた場合を除き，著者及び出版社の権利侵害となりますので，コピーの必要がある場合は，予め当社あて許諾を求めて下さい。

ISBN 4-419-04756-9 C1034